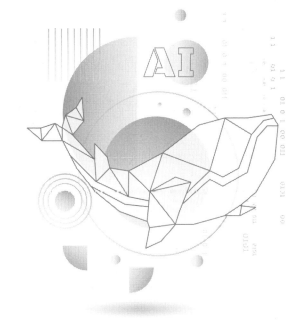

智能产品营销与服务

郭洪延 颜远海 主 编
马 力 陈凯杰 副主编

清华大学出版社
北京

内 容 简 介

随着科技的发展，越来越多的智能产品走进各行各业。小到智能家电，大到工业互联网，人工智能、物联网、大数据、云计算等技术已经改变了传统行业产品的属性。这就要求各产品线的全体人员都要具备相关的技术知识，并在此基础之上改变产品的设计、营销、服务、管理等方式，本书正是在这个背景下应运而生的。

本书从智能产品相关非技术岗位的角度出发，涵盖了智能产品简介、智能产品设计、智能产品营销、智能产品售后服务等环节，是对全产品线非技术岗位员工的一次全面提升，用深入浅出、通俗易懂的语言阐述智能产品从设计到营销再到服务的关键知识。

本书适合作为高等院校计算机、人工智能、大数据、企业管理、市场营销、电子商务等专业的教材，也是一本适合广大IT、互联网、智能产品制造等行业非技术岗位员工丰富自身知识的读物。

本书封面贴有清华大学出版社防伪标签，无标签者不得销售。
版权所有，侵权必究。举报：010-62782989，beiqinquan@tup.tsinghua.edu.cn。

图书在版编目（CIP）数据

智能产品营销与服务/郭洪延，颜远海主编．—北京：清华大学出版社，2022.5（2025.1重印）
ISBN 978-7-302-60216-3

Ⅰ．①智… Ⅱ．①郭…②颜… Ⅲ．①产品营销 Ⅳ．①F713.50

中国版本图书馆 CIP 数据核字（2022）第 036748 号

责任编辑：王　芳
封面设计：刘　键
责任校对：焦丽丽
责任印制：杨　艳

出版发行：清华大学出版社
网　　址：https://www.tup.com.cn，https://www.wqxuetang.com
地　　址：北京清华大学学研大厦A座　　邮　编：100084
社 总 机：010-83470000　　邮　购：010-62786544
投稿与读者服务：010-62776969，c-service@tup.tsinghua.edu.cn
质量反馈：010-62772015，zhiliang@tup.tsinghua.edu.cn
课件下载：https://www.tup.com.cn，010-83470236

印 装 者：天津鑫丰华印务有限公司
经　　销：全国新华书店
开　　本：185mm×260mm　　印　张：9.5　　字　数：230千字
版　　次：2022年5月第1版　　印　次：2025年1月第7次印刷
印　　数：4501～5700
定　　价：39.00元

产品编号：094917-01

"人工智能服务"系列教材编审委员会

主　　任	蒋运承	华南师范大学
	林康平	北京博海迪信息科技有限公司
副 主 任	子重仁	云南工程职业学院
	陶亚雄	重庆电子工程职业学院
	林明方	广东工程职业技术学院
	皮　卫	湖南商务职业技术学院
	任泰明	兰州石化职业技术大学
执行副主任	刘业辉	北京工业职业技术学院
	杨洪涛	北京工业职业技术学院
	张东升	北京博海迪信息科技有限公司
编委会成员	张治斌	北京信息职业技术学院
	闫新惠	北京信息职业技术学院
	朱贺新	北京工业职业技术学院
	郭　蕊	北京工业职业技术学院
	宋玉娥	北京工业职业技术学院
	赵　阔	重庆电子工程职业学院
	曾子铭	深圳职业技术学院
	王月春	石家庄邮电职业技术学院
	吕　庆	石家庄邮电职业技术学院
	张　倩	石家庄邮电职业技术学院
	高凌燕	石家庄邮电职业技术学院
	曹建春	黄河水利职业技术学院
	杜　鹃	黄河水利职业技术学院
	张　洁	黄河水利职业技术学院
	孙远灿	黄河水利职业技术学院
	王琳琳	黄河水利职业技术学院
	齐　宁	吉林电子信息职业技术学院
	杨　涛	郑州财税金融职业学院
	陈凯杰	温州科技职业学院
	贺学剑	河南林业职业学院

赵晓东	河南林业职业学院
席讴婕	内蒙古电子信息职业技术学院
胡秀丽	内蒙古电子信息职业技术学院
杨怀磊	郑州旅游职业学院
魏　涛	通辽职业学院
韦　量	广西金融职业技术学院
袁建波	新疆天山职业技术大学
赵　彪	贵州财经职业学院
洪　政	重庆公共运输职业学院
合尼古力·吾买尔	新疆交通职业技术学院
颜远海	广州华商学院
郭洪延	沈阳职业技术学院
马　力	沈阳职业技术学院
梁圩钰	石家庄铁路职业技术学院
赵丽君	石家庄铁路职业技术学院
潘益婷	浙江工贸职业技术学院
桂　凯	浙江工贸职业技术学院
徐欣欣	浙江工贸职业技术学院
王丽亚	浙江工贸职业技术学院
周　杰	浙江工贸职业技术学院
项朝辉	浙江工贸职业技术学院
苏布达	呼和浩特民族学院
张大成	河北建材职业技术学院
刘　俊	湖南机电职业技术学院
李红日	湖南机电职业技术学院
谢　薇	温州城市大学
孟　进	昆明文理学院
高嘉璐	昆明文理学院
金　雷	广东工业大学
周　帅	北京博海迪信息科技有限公司
张洪钢	重庆职业技能公共实训中心
胡　飓	重庆职业技能公共实训中心
陈　虎	重庆职业技能公共实训中心
吴国举	重庆职业技能公共实训中心

前 言

随着社会的发展和技术的进步,智能产品已经走入各行各业和千家万户,党的二十大报告指出,推动战略性新兴产业融合集群发展,构建人工智能等一批新的增长引擎,加快发展数字经济,促进数字经济和实体经济深度融合。一个广阔的市场已经开启,为赢得这片市场的主动权,越来越多的厂商把注意力放到了智能产品的开发与销售上,随之而来的是传统行业迎来了大变革,传统行业的员工也迎来了大挑战。从产品设计到市场分析、从营销管理到售后服务,为了迎合时代的脚步,越来越多的人需要了解、掌握智能产品的各方面知识。特别是对于智能产品非技术岗位的人员来说,对智能产品设计、智能产品营销、智能产品售后服务等环节都需要有一定了解。

通过本书的学习,读者可以掌握智能产品的基本概念、常用技术、市场调研、市场分析、产品设计方法、产品营销、广告投放、公关策划、采购管理、分销渠道管理、售后服务、新媒体营销与服务等知识,为今后从事智能产品相关工作打下良好基础。

本书共分13章,分为五个模块。模块一为智能产品简介(第1章和第2章),介绍智能产品常见的概念、类型、特点和常见技术(云计算、大数据、物联网、人工智能等)。模块二为智能产品设计(第3~5章),介绍智能产品市场调研、市场分析方法并根据市场分析情况设计智能产品的工具和方法。模块三为智能产品营销(第6~9章),介绍智能产品的营销方法,包括管理、广告投放、公关策略以及新零售时代智能产品营销的方法。模块四为智能产品销售管理(第10章和第11章),介绍智能产品的采购管理和分销渠道管理。模块五为智能产品售后服务(第12章和第13章),介绍智能产品的售后服务管理和互联网新媒体的营销服务方法。

本书涵盖内容较多,如果对某一知识点理解得不够透彻,建议读者不要在一个地方过于纠结,先继续往后学习。随着学习的逐渐深入,智能产品从营销到服务的全流程会逐渐清晰,前面不懂或有疑惑的知识点会迎刃而解。另外,读者一定要动手实践,例如在第5章提到的各种智能产品设计工具和第13章提到的各种新媒体,一定要自己进行操作和练习,结合本书其他内容,相信读者会有很多"好点子"跃然脑中。另外,书中提到的实践环节,读者在条件允许的情况下一定要认真实践,不但能身临其境地感受智能产品营销和服务的各个环节,更能培养团队协作和沟通能力,这在工作中将极为重要。

由于编者水平有限,难免有疏漏和不足之处,敬请读者朋友们批评指正。

编 者
2021年12月

目 录

第 1 章 智能产品 ... 1
1.1 智能产品概述 ... 1
1.1.1 智能产品的含义 ... 1
1.1.2 智能产品的特征 ... 1
1.1.3 智能产品的市场 ... 2
1.2 电子产品与智能产品 ... 3
1.2.1 什么是电子产品 ... 3
1.2.2 电子产品与智能产品的联系 ... 4
1.2.3 智能产品和电子产品的区别 ... 4
1.3 智能产品举例 ... 5
1.3.1 智能机器人 ... 5
1.3.2 智能运载工具 ... 6
1.3.3 智能终端 ... 6
1.3.4 自然语言处理 ... 6
1.3.5 计算机视觉产品 ... 6
1.3.6 生物特征识别产品 ... 7
1.3.7 VR/AR 产品 ... 7
1.3.8 人机交互产品 ... 7
1.4 智能产品的现状概述与发展趋势 ... 8
1.4.1 智能产品的技术服务现状 ... 8
1.4.2 智能产品发展趋势概述 ... 8
1.5 课后习题 ... 9

第 2 章 智能产品常见技术 ... 10
2.1 云计算简介 ... 10
2.1.1 传统计算模式的问题 ... 10
2.1.2 云计算的提出 ... 10
2.1.3 为什么取名为云计算 ... 11

2.1.4 云计算的优势 ………………………………………………………… 11
　　2.1.5 云计算的分类 ………………………………………………………… 12
　　2.1.6 云计算的常见技术 …………………………………………………… 12
　　2.1.7 云计算的应用 ………………………………………………………… 14
2.2 大数据简介 ……………………………………………………………………… 15
　　2.2.1 数据挖掘与数据分析的区别 ………………………………………… 15
　　2.2.2 数据挖掘与机器学习算法 …………………………………………… 15
　　2.2.3 回归类算法 …………………………………………………………… 15
　　2.2.4 关联类算法 …………………………………………………………… 17
　　2.2.5 分类算法 ……………………………………………………………… 18
　　2.2.6 聚类算法 ……………………………………………………………… 20
2.3 Hadoop 简介 …………………………………………………………………… 21
　　2.3.1 Hadoop 是什么 ……………………………………………………… 21
　　2.3.2 Hadoop 的整体设计思路 …………………………………………… 21
　　2.3.3 Hadoop 中的存储组件 ……………………………………………… 22
　　2.3.4 Hadoop 的计算组件 ………………………………………………… 24
　　2.3.5 Hadoop 的资源配置组件 …………………………………………… 25
　　2.3.6 Hadoop 的数据获取组件 …………………………………………… 26
　　2.3.7 Hadoop 中的 Zookeeper …………………………………………… 26
2.4 人工智能简介 …………………………………………………………………… 26
　　2.4.1 神经网络 ……………………………………………………………… 27
　　2.4.2 其他人工智能算法 …………………………………………………… 30
　　2.4.3 人工智能运算介质 …………………………………………………… 30
2.5 物联网简介 ……………………………………………………………………… 31
　　2.5.1 物联网的整体架构 …………………………………………………… 31
　　2.5.2 物联网网络层 ………………………………………………………… 32
　　2.5.3 物联网感知层 ………………………………………………………… 35
2.6 智能芯片 ………………………………………………………………………… 36
　　2.6.1 智能芯片发展历程 …………………………………………………… 36
　　2.6.2 智能芯片分类 ………………………………………………………… 36
　　2.6.3 智能芯片应用领域 …………………………………………………… 37
　　2.6.4 智能芯片发展趋势 …………………………………………………… 38
2.7 课后习题 ………………………………………………………………………… 39

第3章 智能产品市场调研 …………………………………………………………… 40

3.1 制定调研方案 …………………………………………………………………… 40
　　3.1.1 市场调研内容 ………………………………………………………… 40
　　3.1.2 做好调研准备 ………………………………………………………… 41
　　3.1.3 方案总体设计 ………………………………………………………… 42

3.2 设计调研问卷 ········ 42
3.2.1 调研问卷的结构和内容 ········ 42
3.2.2 选择不同类型的问题设计调研问卷 ········ 43
3.2.3 合理排列问题的顺序 ········ 43
3.2.4 修改调研问卷 ········ 43
3.2.5 调研问卷举例 ········ 43
3.3 调研过程实施 ········ 44
3.3.1 分析可用的资源 ········ 44
3.3.2 选择市场调研方式 ········ 45
3.3.3 选择市场调研技术 ········ 46
3.3.4 实施调研方案 ········ 47
3.4 调研成果评价 ········ 47
3.4.1 数据整理 ········ 47
3.4.2 数据分析 ········ 49
3.4.3 撰写调研报告 ········ 50
3.5 课后习题 ········ 51

第 4 章 市场分析 ········ 52
4.1 市场环境分析 ········ 52
4.1.1 微观环境 ········ 52
4.1.2 宏观环境 ········ 53
4.1.3 营销环境分析方法 ········ 54
4.2 市场细分 ········ 55
4.2.1 市场细分的含义 ········ 55
4.2.2 市场细分的意义 ········ 55
4.2.3 市场细分的标准 ········ 56
4.2.4 市场细分的原则 ········ 57
4.3 目标市场选择 ········ 57
4.3.1 选择市场时应考虑的因素 ········ 57
4.3.2 选择市场覆盖模式 ········ 57
4.4 市场定位的步骤 ········ 58
4.4.1 分析影响定位的因素 ········ 58
4.4.2 定位设计 ········ 59
4.4.3 市场定位的分类 ········ 59
4.5 课后习题 ········ 60

第 5 章 产品设计工具 ········ 61
5.1 思维导图 ········ 61
5.1.1 什么是思维导图 ········ 61

5.1.2 思维导图的结构 62
5.1.3 思维导图的绘制 63
5.2 商业需求文档 64
5.2.1 BRD 对象 65
5.2.2 BRD 使用场景 65
5.2.3 BRD 内容 65
5.3 商务画布 68
5.4 原型 69
5.4.1 为什么要有原型 69
5.4.2 什么是原型 70
5.4.3 原型使用对象 70
5.4.4 Axure 70
5.5 课后习题 71

第 6 章 智能产品营销 72
6.1 智能产品营销方式 72
6.1.1 整合营销 72
6.1.2 饥饿营销 72
6.1.3 体验营销 73
6.1.4 差异化营销 73
6.1.5 事件营销 73
6.1.6 网络营销 73
6.2 智能产品盈利模式 74
6.2.1 产品盈利 74
6.2.2 服务盈利 75
6.3 营销工作的组织结构 75
6.3.1 组织结构 75
6.3.2 权力梯次 76
6.4 课后习题 76

第 7 章 智能产品广告投放 77
7.1 智能产品广告目标 77
7.1.1 智能产品广告目标的分类 77
7.1.2 建立智能产品广告目标应遵循的原则 77
7.1.3 智能产品广告目标设立策略 78
7.2 智能产品广告推销策略 78
7.2.1 智能产品广告推广 78
7.2.2 智能产品广告推广的过程 78
7.3 智能产品广告媒体策划 79

	7.3.1 智能产品广告媒体形式分析	79
	7.3.2 智能产品广告媒体组合策略	79
	7.3.3 智能产品广告媒体排期策略	80
7.4	智能产品广告效果评估	81
	7.4.1 智能产品广告效果评估的原则	81
	7.4.2 智能产品广告效果评估的重要性	81
7.5	实践——智能家居广告语分析实践	82
	7.5.1 实践前提	82
	7.5.2 实践内容	83
	7.5.3 实践过程	84
	7.5.4 结果评审	84
7.6	课后习题	84

第 8 章 智能产品公关策划 85

8.1	公关策划原则	85
	8.1.1 公关关系概述	85
	8.1.2 公关策划含义	85
	8.1.3 公关策划基本原则	86
	8.1.4 公关策划作用	86
8.2	公关策划内容	87
	8.2.1 公关策划基本内容	87
	8.2.2 公关策划基本要求	87
	8.2.3 公关策划主要方法	88
	8.2.4 公关策划常见问题	88
8.3	公关策划常用技巧	89
	8.3.1 公关策划的创意来源	89
	8.3.2 公关策划注意事项	89
	8.3.3 公关策划方案的撰写	90
8.4	公关策划效果评估	90
	8.4.1 公关策划效果评估内容	90
	8.4.2 公关策划效果评估方法	91
	8.4.3 公关策划效果评估步骤	91
8.5	课后习题	92

第 9 章 新零售时代下的智能产品营销 93

9.1	新零售概念	93
	9.1.1 新零售发展	93
	9.1.2 新零售与传统零售的区别	94
	9.1.3 智能产品营销的步骤	95

9.2 新零售时代下的智能产品营销思维 ·· 95
　　9.2.1 用户思维 ·· 95
　　9.2.2 简约思维 ·· 96
　　9.2.3 极致思维 ·· 96
　　9.2.4 迭代思维 ·· 97
　　9.2.5 流量思维 ·· 97
　　9.2.6 社会化思维 ·· 97
　　9.2.7 大数据思维 ·· 98
　　9.2.8 平台思维 ·· 98
　　9.2.9 跨界思维 ·· 99
9.3 新零售时代下的智能产品营销模式 ·· 99
　　9.3.1 新零售模式下智能产品的营销方式 ····························· 99
　　9.3.2 新零售模式下各个要素的需求 ······························· 100
9.4 课后习题 ··· 100

第10章 智能产品采购管理 ·· 101

10.1 智能产品采购需求 ·· 101
　　10.1.1 运用采购需求表 ·· 101
　　10.1.2 统计分析 ·· 102
　　10.1.3 采购 ABC 分析法 ··· 102
　　10.1.4 物资消耗额定管理 ·· 102
10.2 智能产品采购预算 ·· 103
　　10.2.1 智能产品采购预算的目的 ·································· 103
　　10.2.2 智能产品采购预算的类别 ·································· 103
　　10.2.3 智能产品材料采购预算的编制 ······························ 103
10.3 智能产品采购供应商 ·· 104
　　10.3.1 智能产品供应商开发的基本准则 ···························· 104
　　10.3.2 智能产品供应商管理 ······································ 104
10.4 智能产品采购成本控制 ·· 105
　　10.4.1 智能产品采购成本的构成 ·································· 105
　　10.4.2 智能产品采购成本控制方法 ································ 106
　　10.4.3 智能产品采购成本降低的策略 ······························ 107
10.5 智能产品采购质量管理 ·· 107
　　10.5.1 要有明确的采购质量目标 ·································· 107
　　10.5.2 建立健全采购质量管理机构和制度 ·························· 107
　　10.5.3 建立健全采购质量标准化体系 ······························ 108
10.6 课后习题 ··· 108

第 11 章　智能产品分销渠道 ·· 109

11.1　智能产品分销渠道概述 ·· 109
11.1.1　智能产品分销渠道的概念 ·· 109
11.1.2　智能产品分销渠道的参与者 ·· 110
11.1.3　智能产品分销渠道的作用 ·· 111
11.1.4　智能产品分销渠道的任务 ·· 112
11.1.5　智能产品分销渠道的流程 ·· 112
11.1.6　智能产品分销渠道的结构类型 ·· 113
11.2　智能产品分销渠道设计 ·· 114
11.2.1　智能产品分销渠道设计原则 ·· 114
11.2.2　智能产品分销渠道设计流程 ·· 115
11.3　智能产品分销渠道管理 ·· 115
11.3.1　智能产品分销渠道管理具体内容 ·· 115
11.3.2　智能产品分销渠道管理的任务 ·· 116
11.3.3　智能产品分销渠道管理方法 ·· 117
11.4　智能产品分销渠道评估 ·· 117
11.4.1　智能产品分销渠道评估的定义与流程 ································ 117
11.4.2　智能产品分销渠道整体绩效评估 ·· 118
11.4.3　智能产品分销渠道改进策略 ·· 119
11.5　实践——智能手环分销渠道建设实践 ·· 119
11.5.1　实践背景 ·· 119
11.5.2　实践目的 ·· 119
11.5.3　实践内容 ·· 120
11.5.4　实践过程 ·· 120
11.5.5　结果评审 ·· 121
11.6　课后习题 ·· 121

第 12 章　智能产品售后服务 ·· 122

12.1　智能产品售后服务模式 ·· 122
12.1.1　智能产品售后服务主要内容 ·· 122
12.1.2　智能产品售后服务存在的问题 ·· 122
12.1.3　智能产品售后服务经营模式 ·· 123
12.1.4　智能产品售后服务体系 ·· 123
12.2　智能产品售后服务标准 ·· 124
12.2.1　智能产品售后服务标准制定原则 ·· 124
12.2.2　智能产品售后服务标准制定步骤 ·· 124
12.2.3　智能产品售后服务评价标准 ·· 124
12.3　实践——点餐机器人售后服务项目实践 ·· 125

　　　　12.3.1　实践背景 ··· 125
　　　　12.3.2　实践目的 ··· 125
　　　　12.3.3　实践内容 ··· 125
　　　　12.3.4　实践过程 ··· 126
　　　　12.3.5　结果评审 ··· 126
　　12.4　课后习题 ·· 127

第 13 章　使用新媒体进行营销与服务 ·· 128
　　13.1　新媒体的定义 ··· 128
　　13.2　微博 ·· 128
　　　　13.2.1　微博的特点 ·· 128
　　　　13.2.2　微博运营的方法 ·· 129
　　13.3　微信 ·· 130
　　　　13.3.1　微信的特点 ·· 130
　　　　13.3.2　微信的运营方法 ·· 131
　　13.4　视频直播 ·· 132
　　　　13.4.1　视频直播的特点 ·· 132
　　　　13.4.2　视频直播的运营方法 ··· 132
　　13.5　课后习题 ·· 134

参考文献 ··· 135

第1章

智 能 产 品

1.1 智能产品概述

1.1.1 智能产品的含义

科技的力量总是让人觉得神奇又遥远,也总是悄无声息地渗透和改变人们的生活。如今,智能产品已经成为我们身边不可缺少的一部分,人们用它们来从事通信、办公、娱乐等各种活动。不仅如此,智能产品正在被赋予与人类一样的感知与思维能力,从而更好地服务人类,满足人类物质与情感的需求,为人类带来更加便利的生活。因此,智能产品也代表了这个时代的发展和进步,成为了科技发展的必然产物。

从内涵而言,智能产品的核心体现为"智能"。目前对"智能"的定义尚无统一意见,一般认为,智能是指个体对客观事物进行合理分析、判断及有目的地行动和有效地处理周围环境事宜的综合能力,主要包括以下四个方面。

(1) 获取、采集与传输信息的能力。

(2) 通过自我调节、诊断以适应环境、保证正常运行的能力。

(3) 理解、分析数据和决策、执行以解决问题、提供服务的能力。

(4) 归纳推理能力和演绎推理能力。

概而述之,智能产品一般包括机械、电气和嵌入式软硬件组件,具有感知、记忆、计算和传输功能,是传统电气设备与计算机技术、数据处理技术、控制技术、传感器技术、网络通信技术、电力电子技术等相结合的产物,是能够实现产品的预期功能,且具备一项或多项智能特性的智能装置、智能设备或智能终端。

1.1.2 智能产品的特征

对于智能产品而言,不同产品或同样产品在不同时期会处于不同的智能水平,产品智能化水平可以分为以下三个层次,如图 1-1 所示。

（1）基础智能：实现产品数据的感知与采集；对数据进行集成与统计分析，实现设备自诊断与产品自适应、自决策。

图 1-1　智能产品的"智能层次"模型

（2）系统智能：通过机器学习等技术，获取、分析用户行为、产品偏好信息，实现产品自学习与自适应。

（3）交互智能：通过人工智能、大数据分析，建立智能化人机交互系统，实现产品与用户需求的高效、智能匹配。

结合产品智能化的层次模型，可得出智能产品包括 8 个智能特征。

（1）感知：基于自动识别、泛在互联与数据通信技术，能够实现对自身状态、内部与外部环境变化的感知。

（2）监控：基于感知及优化的数据处理结果，产品实现监测、监控的相关功能。

（3）适应和优化：能根据感知的信息调整自身的运行模式，使装备（产品）处于最优状态。

（4）互连互通：通过标准数据结构和开放数据接口等，实现产品与（子）系统、制造设备、产品零部件之间的数据传送和功能采集。

（5）人机交互：能够实现产品与产品、产品与系统、产品与用户之间高效对话，快速、准确地满足用户信息交互需求，以及设备、产品能够接受并理解操作者、用户的意图，以实现高效的人机交互、人机协同的目的。

（6）数据信息：在产品全生命周期，采集智能产品在生产、使用等各个环节关键流程节点、环节的数据与信息，实现从基础零件配件、部件生产到成品组装、销售与服务等各个环节的信息可溯源、可挖掘等增值管理。

（7）人工智能：智能产品基于其内部的软硬件组件和系统级的交互过程，模拟人的某些思维过程和智能行为（如学习、推理、决策、记忆等）。

（8）基于产品的新兴商业模式：制造企业由单纯销售成品延伸到提供服务混合包，也就是将产品和服务相结合，不断向终端用户提供新的价值增长点。典型的智能产品增值功能包括数据溯源、信息融合、信息安全等。

1.1.3　智能产品的市场

1. 市场环境

近年来，一股股"智能"热潮正涌入人们的日常生活。从社会上早已普及使用的"智能手机"到目前已经逐步投入使用的无人驾驶汽车，再到近年亚马逊推出的无收银台的新零售线下店面 Amazon Go，智能产品如雨后春笋一样，一次次颠覆着我们本来的生活习惯，渗透到工作生活的每个角落。随着科技的高速发展与智能化技术的提升，智能产品已成为科技发展的必然趋势。

2. 市场需求

陪聊天、助娱乐、做家务、护安全……随着人工智能和物联网技术的逐渐成熟，各种智能产品层出不穷，从智能音响、智能扫地机器人到智能门锁、智能马桶盖等，越来越多的智能家居产品进入人们的生活，日渐成为生活流行品、消费新趋势。数据显示，智能家居产品已成为中国消费市场的一大热点，呈逐年增长之势。近年，在疫情的影响下，消费者对于智能设备的需求十分强烈,尤其在餐饮、物流、建筑工程等领域,人们更加希望在特殊时期,智能设备可以代替人工劳动,或是希望通过智能设备,更好地保护人们的安全。

3. 产品和价格

典型的智能产品包括智能可穿戴设备、智能手机、无人机、智能汽车、智能机器人、智能售货机和智能家电等产品等。小至智能手表,大至智能汽车,产品不同,价格也不同。

1.2 电子产品与智能产品

1.2.1 什么是电子产品

电子产品是以电能为工作基础的相关产品,主要包括电子手表、影碟机(VCD或DVD)、录像机、摄像机、收音机、组合音响、激光唱机(CD)、计算机、游戏机、耳机、移动通信产品等。因早期产品主要以电子管为基础原件,故名为电子产品。

早期的电子产品以电子管为核心。20世纪40年代末,世界上诞生了第一只半导体三极管,它以小巧、轻便、省电、寿命长等特点,很快被各国应用起来,在很大范围内取代了电子管。20世纪50年代末,世界上出现了第一块集成电路,它把许多晶体管等电子元件集成在一块硅芯片上,使电子产品向更小型化发展。集成电路从小规模集成电路迅速发展到大规模集成电路和超大规模集成电路,从而使电子产品向着高效能、低消耗、高精度、高稳定、智能化的方向发展。

电子产品中最具有代表性的是电子计算机。电子计算机发展经历的四个阶段恰好能够充分说明电子技术发展的四个阶段特性。

第一代(1946—1957年)是电子计算机,它的基本电子元件是电子管,内存储器采用水银延迟线,外存储器主要采用磁鼓、纸带、卡片、磁带等。由于当时电子技术的限制,运算速度只是每秒几千次至几万次,内存容量仅几千个字节。程序语言处于最低阶段,主要使用二进制表示的机器语言编程,后阶段采用汇编语言进行程序设计。因此,第一代计算机体积大、耗电多、速度低、造价高、使用不便,主要局限于一些军事和科研部门进行科学计算。

第二代(1957—1964年)是晶体管计算机。1948年,美国贝尔实验室发明了晶体管,10年后晶体管取代了计算机中的电子管,诞生了晶体管计算机。晶体管计算机的基本电子元件是晶体管,内存储器大量使用磁性材料制成的磁芯存储器。与第一代电子管计算机相比,晶体管计算机体积小、耗电少、成本低、逻辑功能强、使用方便、可靠性高。

第三代(1964—1971年)是集成电路计算机。随着半导体技术的发展,1958年,美国德州仪器公司研制成了第一个半导体集成电路。集成电路是在几平方毫米的基片上,集中了几十个或上百个电子元件的逻辑电路。第三代集成电路计算机的基本电子元件是小规模集成电路和中规模集成电路。磁芯存储器进一步发展,开始采用性能更好的半导体存储器,运算速度提高到每秒几十万次。由于采用了集成电路,第三代计算机各方面性能都有了极大提高:体积缩小、价格降低、功能增强、可靠性大大提高。

第四代(1971年至今)是大规模集成电路计算机。随着集成了上千甚至上万个电子元件的大规模集成电路和超大规模集成电路的出现,电子计算机的发展进入了第四代。第四代计算机的基本元件是大规模集成电路,甚至是超大规模集成电路,集成度很高的半导体存储器替代了磁芯存储器,运算速度可达每秒几百万次,甚至上亿次。

1.2.2 电子产品与智能产品的联系

智能产品和电子产品是密切相关的,可以说智能产品一定是电子产品,但是电子产品不一定是智能产品。

首先智能产品是由多种电子产品构成的。智能产品由物理部件、智能部件和连接部件等构成。智能部件由传感器、微处理器、数据存储装置、控制装置、软件以及内置操作和用户界面等构成;连接部件由接口、有线或无线连接协议构成;物理部件由机械和电子部件构成。其中物理部件和智能部件大部分属于电子产品,因此智能产品是离不开电子产品的。

其次智能产品的基础功能其实是对各种电子产品功能的应用和扩展。智能产品功能的实现是依托各种电子产品,是通过控制程序对各种电子产品进行协调和功能整合,从而实现一个完整的系统功能。

随着科技的发展,电子产品朝着集成化、系统化、智能化的方向发展,相信在不久的未来,电子产品和智能产品的边界将逐渐缩小。

1.2.3 智能产品和电子产品的区别

智能产品和电子产品的区别主要体现在以下几个方面。

(1) 发展不同。电子技术是欧洲、美国等在19世纪末、20世纪初开始发展起来的新兴技术,电子产品在20世纪发展最迅速,应用最广泛,成为近代科学技术发展的一个重要标志。而智能制造起始于20世纪80年代人工智能在制造领域中的应用,发展于20世纪90年代智能制造技术、智能制造系统的提出,成熟于21世纪以来新一代信息技术条件下的"智能制造"。

(2) 制造工艺、成本不同。电子产品系统由整机组成,整机由部件组成,部件由零件、元器件组成。由整机组成系统的工作主要是连接和调试,生产的工作不多,生产技术成熟,制作工艺较为简单,大部分采用人工流水线生产方式生产,可以快速大批量地生产,制造成本较低。而智能产品生产前需要对产品生命周期的海量异构信息进行挖掘、计算分析、推理预测等,形成制造过程的决策指令,需要集成工程、制造软件系统和贯穿制造组织内部的智能决策支持系统,一般是小批量生产,制造成本较高。

(3) 复杂程度不同。相对于电子产品,智能产品无论从产品结构还是制造工艺来讲都相对复杂。此外智能产品的功能也相对较为复杂。

(4) 性质不同。智能产品是含有智能技术的产品,可以实现自我感知、自我决策和自我控制的设备。而电子产品为以电能仅是工作基础的相关产品。

(5) 种类不同。电子产品主要包括手表、手机、电话、电视机、影碟机、录像机、摄录机、收音机、收录机、组合音箱等。智能产品包括智能手机、智能手环、扫地机器人、智能插座、智能水壶、智能音响、智能灯、集成智能遥控器、智能卫浴镜、智能窗帘等。目前的智能产品只有半自动化功能,相信随着科技的进步和技术的发展,这些产品会越来越智能化。

（6）包含的技术不同。传统意义上的电子产品更倾向于机械化，需要人工干预。智能产品具有传感技术，能够实时感知产品的动态、运行和外部环境的变化；具有控制技术，能够通过产品的内置或产品云中的命令进行远程控制、动态执行；具有自动化技术，能够将检测、控制、优化融合到一起实现前所未有的自动化程度。

（7）对网络要求不同。电子产品没有网络通信要求，有的电子产品根本无法联网，只要供电就能正常工作。网络对于智能产品而言是基础设施，没有网络智能产品就无法实现与环境进行通信，也就无法发挥出它的功能。

（8）用户体验不同。电子产品对用户而言是工具，无法进行沟通和交互。但智能产品结合了传感器、自动化控制和人工智能等技术，能够实现人机交互，从视觉、触觉、情感交互等方面给人不同的体验。

1.3 智能产品举例

智能产品的种类非常非常多。这里简单介绍几种产品的类型。

1.3.1 智能机器人

之所以叫智能机器人，是因为它有相当发达的"大脑"——计算机。在"大脑"中起作用的是中央处理器，这种计算机与操作它的人有直接的联系。最主要的是，这样的计算机可以进行有目的的动作。

智能机器人按照应用场景可以分为工业机器人、家用机器人、公共服务机器人、特种机器人等。

典型产品包括焊接机器人、搬运机器人、装配机器人、清洁机器人、家政服务机器人、教育娱乐机器人、个人运输服务机器人、安防监控服务机器人、酒店服务机器人、银行服务机器人、餐饮服务机器人、特种极限机器人、康复辅助机器人、农业机器人、水下机器人、军用和警用机器人、电力机器人等。图1-2为各种酒店服务机器人。

图1-2 各种酒店服务机器人

1.3.2 智能运载工具

图1-3 自动驾驶公交车

智能运载工具通过车载感知、自动驾驶、车联网、物联网等技术的集成和配套，形成智能交通工具和智能交通系统，除陆地交通工具外，无人机和无人船等立体智能交通工具和系统也在逐步走向商用，从而彻底完善陆域、空域、水域的智能管理措施。

智能运载工具按照具体应用场景又可以分为自动驾驶车、轨道交通系统、无人机（无人直升机、固定翼机、多旋翼飞行器、无人飞艇）、无人船等。图1-3为某市正在运行的自动驾驶公交车。

1.3.3 智能终端

智能终端是一类嵌入式计算机系统设备，其体系结构框架与嵌入式系统体系结构是一致的，同时，智能终端作为嵌入式系统的一个应用方向，其应用场景设定较为普遍，体系结构比普通嵌入式系统结构更加明确，粒度更细，且拥有一些自身的特点。

图1-4 智能手表

典型的产品包括智能手机、智能手环、智能手表、智能摄像头等。图1-4为某品牌智能手表。

1.3.4 自然语言处理

图1-5 机器翻译软件Logo

自然语言处理是为各类用户及开发者提供的用于文本分析及挖掘的工具，已经广泛应用在电商、文化、娱乐、金融、物流等行业中。自然语言处理API可帮助用户搭建内容搜索、内容推荐、舆情识别及分析、文本结构化、对话机器人等智能产品，也能够通过合作，定制个性化的解决方案。

典型的产品有机器翻译、机器阅读理解、问答系统、智能探索等。图1-5为某国内知名机器翻译软件Logo。

1.3.5 计算机视觉产品

计算机视觉既是工程领域，又是科学领域中的一个富有挑战性的研究领域。计算机视觉是一门综合性的学科，它已经吸引了来自各个学科的研发者参加到对它的研究之中，其中包括计算机科学和工程、信号处理、物理学、应用数学、统计学、神经生理学和认知科学等。

典型的产品有图像分析仪、视频监控系统等。图1-6为应用于医学的计算机影像识别系统。

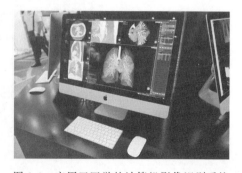

图1-6 应用于医学的计算机影像识别系统

1.3.6 生物特征识别产品

每个生命体都有唯一的可以测量或可自动识别和验证的生理特性或行为方式,即生物特征。它可划分为生理特征(如指纹、面像、虹膜、掌纹等)和行为特征(如步态、声音、笔迹等)。生物识别就是依据每个个体具备的独一无二的生物特征对其进行识别与身份的认证。它的主要内容是生物识别技术和生物识别系统。

典型的产品有指纹识别产品、人脸识别产品、虹膜识别产品、指静脉识别产品、DNA 识别、声纹特征识别产品等。图 1-7 为指静脉识别锁。

图 1-7 指静脉识别锁

1.3.7 VR/AR 产品

虚拟现实技术(Virtual Reality,VR)是 20 世纪发展起来的一项全新的实用技术。虚拟现实技术集计算机、电子信息、仿真技术于一体,其基本实现方式是计算机模拟虚拟环境从而给人以环境沉浸感。随着社会生产力和科学技术的不断发展,各行各业对 VR 技术的需求将会日益旺盛。

增强现实技术(AR)是一种将虚拟信息与真实世界巧妙融合的技术,广泛运用了多媒体、三维建模、实时跟踪及注册、智能交互、传感等多种技术手段,将计算机生成的文字、图像、三维模型、音乐、视频等虚拟信息模拟仿真后,应用到真实世界中,两种信息互为补充,从而实现对真实世界的"增强"。

典型的产品有 PC 端 VR、一体机 VR、VR 眼镜等。图 1-8 为 VR 眼镜。

图 1-8 VR 眼镜

1.3.8 人机交互产品

人机交互是计算机系统的重要组成部分,也是当前计算机行业竞争的焦点,它的好坏直接影响计算机的可用性和效率,同时也影响人们日常生活和工作的质量和效率。如今,计算机处理速度和性能的迅猛提高并没有相应提升用户使用计算机交互的能力,其中一个重要原因就是缺少一个与之相适应的高效、自然的人机交互界面。人机交互是未来 IT 的核心技术。随着中国逐渐成为世界的 IT 中心,中国也将成为人机交互技术的发展中心,而人机交互的发展也将为中国软件的腾飞提供机会。发展平民可用技术、实现以人为本的计算是 21 世纪计算机发展的目标。

目前典型的人机交互产品有语音交互产品、情感交互产品、体感交互产品、脑机交互产品等,其中语音交互产品可细分为个人助理、语音助手、智能客服。图 1-9 为体感交互游戏。

图 1-9 体感交互游戏

1.4 智能产品的现状概述与发展趋势

1.4.1 智能产品的技术服务现状

智能产品技术服务主要关注如何构建人工智能的技术平台,并对外提供人工智能相关的服务。此类厂商在人工智能产业链中处于关键位置,依托基础设施和大量的数据,为各类人工智能的应用提供关键性的技术平台、解决方案和服务。目前,从提供服务的类型来看,提供技术服务厂商主要呈现以下现状。

(1) 提供人工智能的技术平台和算法模型,此类厂商主要针对用户或者行业需求,提供人工智能技术平台以及算法模型。用户可以在人工智能平台之上通过一系列的算法模型进行人工智能的应用开发。此类厂商主要关注人工智能的通用计算框架、算法模型、通用技术等关键领域。

(2) 提供人工智能的整体解决方案,此类厂商主要针对用户或者行业需求,设计和提供包括软件、硬件一体的行业人工智能解决方案,整体方案中集成多种人工智能算法模型以及软件、硬件环境,帮助用户或行业解决特定的问题。此类厂商重点关注人工智能在特定领域或者特定行业的应用。

(3) 提供人工智能在线服务,此类厂商一般为传统的云服务提供厂商,主要依托其已有的云计算和大数据应用的用户资源,聚集用户的需求和行业属性,为客户提供多类型的人工智能服务。服务涵盖从各类模型算法和计算框架的 API 等特定应用平台到特定行业的整体解决方案等,进一步吸引大量的用户使用,从而进一步完善其提供的人工智能服务。此类厂商主要提供相对通用的人工智能服务,同时也会关注一些重点行业和领域。图 1-10 为华为云面向保险行业的大数据在线解决方案。

图 1-10 华为云面向保险行业的智能解决方案

1.4.2 智能产品发展趋势概述

从实际的发展情况来看,人工智能产品是否能被广大用户普遍认可,主要是看人工智能技术能否取得实质性突破。在媒体及企业的宣传下,人工智能的概念确实相当火热,但大多数的消费者并不愿意购买相关的产品。

除去价格因素外,很多人工智能产品根本就是徒有其表,只不过是将以前的功能性电子产品接入互联网。毋庸置疑,能成为爆款的人工智能产品必然要建立在高度发达的人工智能技术之上。

现阶段,人工智能的商业应用范围仍相对较小。例如在资讯传媒领域,凯文·凯利在《必然》中表示,基本上所有的物体都能成为传播资讯的工具,而且这些工具都将实现智能化,它们成为解决内心真实需求的"资讯机器人"。这标志着传媒业将从信息时代向智能时代转变,各种类型的资讯机器人将被广泛应用于丰富多元的场景中,甚至内置在其他机器人中为用户提供信息资讯服务。目前,包括谷歌、微软、百度、Facebook 等为代表的诸多科技企业都在积极研发智能聊天、技能服务等技术,使"这些工具都将实现智能化"早日到来。

除了技术本身的发展受限外,人工智能产品及服务的价格过高也是制约其发展的重要因素。人工智能产品的成本主要集中在研发、维护及保养成本方面,如果在技术方面能够取得突破,人工智能产品及服务的成本就能得到有效控制,普及进程将会进一步加快。

未来的人工智能市场格局将会是老牌巨头与快速崛起的初创企业共舞,谷歌、微软、百度等巨头在资源方面具备明显优势,但这并不意味着创业者已经丧失了发展机遇。研发无人机的大疆、专注于"资讯机器人"的天机智讯、研发硬件机器人的优必选等对于初创企业都是相当励志的存在。

在人工智能时代序幕悄然拉开的局面下,无论是面向大众的人工智能产品,还是服务于专业领域的人工智能产品,都将按照以"底层—中层—顶层"的技术及产品架构为基础的生态圈模式不断向前发展,如图 1-11 所示。其中,底层是由运算平台及数据中心构建的基础资源支撑层;中层则是以各种类型算法形成的模型为核心的人工智能技术层;顶层则是借助于中层的人工智能技术,为用户提供相关产品及服务的人工智能应用层。这个架构中的每一层都可以细分出很多领域,最终形成以人工智能技术为核心的庞大的产业链。不难想象,如果人工智能技术取得实质性突破,很有可能会创造出新的需求及商业模式,届时,占得市场先机的企业从中获取的商业价值将会是一个天文数字。

图 1-11 人工智能技术与产品架构生态圈

1.5 课后习题

1. 简述智能化产品与电子产品的区别。
2. 简述日常生活中常见的智能产品,并设想它们不同的应用场景。

第2章

智能产品常见技术

随着智能产品的普及,越来越多的专业术语走进了人们的生活,作为一名智能产品从业者,无论所属产品线的哪个环节都应该对智能产品涉及的技术有所了解,下面将分别简要介绍云计算、大数据、物联网、人工智能等智能产品常涉猎的技术。

2.1 云计算简介

2.1.1 传统计算模式的问题

传统计算模式(单机计算)存在如下几个问题。

(1) 资源浪费。传统的服务器具有独立的 CPU、内存条、硬盘等资源,很容易出现"高不成、低不就"的情况。例如一台服务器的硬盘存储空间是 1.2TB,如果业务数据只使用了 0.7TB,那就会浪费 0.5TB 空间(一台服务器一般只部署一个业务系统);另一台设备的硬盘空间也是 1.2TB,但业务数据达到 1.7TB,就会"冒出"0.5TB 数据无处存放。两台服务器,一台严重浪费资源,一台资源严重不足,但二者没有办法相互弥补。

(2) 安全性不高。如果某台服务器出现故障,其中的业务系统就会停止服务。其他服务器纵然有能力接管业务,也需要重新部署。

(3) 扩展能力差。原有的服务器资源不够,必须购置新的服务器,而且物理服务器还存在老化、损坏、维护等方面的问题,这样造成的成本加剧,对企业带来的损伤是不可低估的。

(4) 运维成本高。很难通过同一服务商找到完整的运维服务,需额外部署各种软件和安全措施等。

2.1.2 云计算的提出

正是由于存在以上问题,云计算被提了出来。那么什么是"云"呢?"云"实质上是一个资源池,资源池内有"很多很多"的服务器、"很多很多"的存储、"很多很多"的网络节点,至于具体多少不需要了解,只需要知道"云"里有很多很多的资源,如图 2-1 所示。使用者可以随时请求"云"来提供计算资源,例如需要一个满足16GB内存、128GB存储空间的主机,"云"就会从自己的资源池中分配一台16GB内存、128GB存储空间的虚拟主机给用户,用户完全不需要关心这些资源是如何被提供的。"云"就像自来水厂一样,用户根据需求从家里的水龙头随时接水,然后按照自己家的用水量,付费给自来水厂就可以,云计算的运营商会根据资源分配情况对用户进行管理或收取费用。

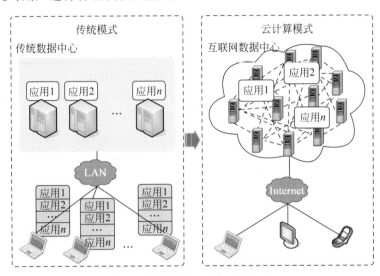

图2-1　传统计算模式与云计算模式

2.1.3　为什么取名为云计算

在网络工程师绘制拓扑图时,往往将不清楚内部结构的功能模块画成一朵云。用户在使用资源池内的资源时,不知道资源池内部具体是如何实现的,而且这个资源池又是通过网络连接的,所以将这个资源池画成一朵云,并将这种提供计算资源的方式称为云计算。

2.1.4　云计算的优势

云计算之所以大受欢迎,是因为它能弥补之前提到的传统计算的不足,不仅如此,云计算还有一些其他方面的优势。

(1) 技术方面,云计算技术将计算、网络、存储等各种软件和硬件技术合理地进行整合、优化和应用,使其相互配合,共同打造一个巨大的资源池。

(2) 安全性方面,云服务器可以抵御地址解析协议(Address Resolution Protocol,ARP)攻击和MAC欺骗,进行快照备份,确保数据永久不丢失,保证数据的安全。

(3) 可靠性方面,云服务器是基于服务器集群的,因此硬件冗余度较高,故障率低(一台设备出现故障,其他设备可以自动接管相关业务)。

(4) 灵活性方面,用户可以在线实时增加自己的配置(如为某一台虚拟服务器动态地增加硬盘空间或内存),可扩展空间较大,根据业务需要灵活部署。

(5) 成本方面,云主机一般是按需付费,可弹性拓展,无须购买物理服务器,无须设置机房,更不需要定期维护、维修等,不仅可以节约基础设施的成本,还节省了IT运维的成本。

2.1.5 云计算的分类

云计算有很多种分类方法。

1. 部署模式

按照部署模式云计算可以分为公有云、私有云和混合云,如图 2-2 所示。公有云通常指第三方厂商为用户提供的能够使用的云,公有云一般可通过互联网使用,例如阿里云、腾讯云等。私有云是为某个特定客户单独使用而构建的(例如为某家大型企业内部办公专门打造的私有云),私有云的资源由该企业专享,私有云可部署在企业数据中心,也可以将它们部署在一个安全的主机托管场所,无论物理位置在哪,私有云都是部署在企业局域网内部。混合云融合了公有云和私有云,如果企业更愿意将数据存放在私有云中,但是同时又希望可以获得公有云的计算资源,在这种情况下就可以使用混合云,混合云相当于同时部署了一套公有云和私有云,然后根据实际需求将公有云和私有云进行混合和匹配。

图 2-2 公有云、私有云和混合云的部署位置

2. 服务模式

按照服务模式云计算可以分为软件即服务(Software as a Service,SaaS)、平台即服务(Platform as a Service,PaaS)和基础设施即服务(Infrastructure as a Service,IaaS),如图 2-3 所示。SaaS 供应商将应用软件统一部署在自己的云服务上,客户可以根据工作实际需求通过互联网获得 Saas 平台供应商提供的服务,例如百度云盘服务。PaaS 也是指一组基于云的服务,但可帮助企业用户和开发人员快速创建应用程序,如提供工作流和设计工具以及相应的应用编程接口(Application Programming Interface,API),例如 Google 的开发者接口。IaaS 提供给消费者的服务是对所有计算基础设施的利用,包括处理 CPU、内存、存储、网络和其他基本的计算资源,用户能够部署和运行任意软件,包括操作系统和应用程序,可以理解为租了一台云服务器。

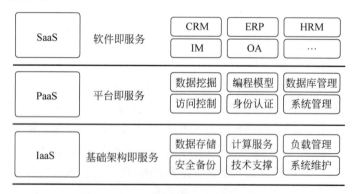

图 2-3 SaaS、PaaS 和 IaaS 的主要应用

2.1.6 云计算的常见技术

1. 虚拟化技术

虚拟化技术的作用可以理解为将单台物理服务器虚拟地划分成多台服务器,如图 2-4

所示;用过虚拟机软件(如 Vmware workstation 或 VBox)的朋友应该能有更深的体会。简单地说,就是在一台服务器上安装虚拟机软件,然后虚拟地生成若干台服务器。在用户看来,这些虚拟的服务器是完全独立的,有自己的 IP 地址、操作系统、存储空间等,这样就可以把原来物理服务器的资源划分成更小的粒度,进行更合理的分配。集群中众多的物理服务器被划分成更加众多的虚拟机,这些虚拟机的资源就是云计算中资源池的资源。

图 2-4　虚拟化软件可将一台物理服务器虚拟成多台服务器

注意,目前的虚拟化技术只能将一台服务器虚拟成多台服务器,还无法将多台服务器虚拟成一台,也不能对虚拟设备再次虚拟。

2. 容器

有行业内的专家将容器称为"饭盒",饭盒里面装着饭,饭盒走到哪,里面的饭就跟到哪,只要打开饭盒就可以吃饭。容器里面装的不是饭,而是应用程序,容器走到哪,里面的应用程序就跟到哪,只要容器动态部署完毕,里面的应用程序就可以直接使用了。这就大大降低了"应用漂移"的复杂度。之前说过,云计算中,如果集群中某台服务设备出现了故障,里面的应用会"漂移"到其他设备上,确保应用程序不中断。但是有经验的朋友都知道,应用程序从一台设备到另一台设备迁移要经历很多步骤,例如修改大量环境变量和配置文件。容器技术可以理解为环境变量和配置文件等运行环境也跟着容器"漂移"到新机器上,因此当容器漂移完成后,容器中包含的应用程序直接就可以使用了。

容器和虚拟化的区别详见图 2-5。

容器				虚拟机		
应用A	应用B	应用C		应用A	应用B	应用C
二进制文件/库	二进制文件/库	二进制文件/库		二进制文件/库	二进制文件/库	二进制文件/库
Docker				客户机操作系统	客户机操作系统	客户机操作系统
主机操作系统				管理程序		
基础架构				基础架构		
(a) 容器				(b) 虚拟化		

图 2-5　容器与虚拟化的架构区别

3. 云资源管理

业界非常认可的开源系统 openstack 就是云资源管理系统。如图 2-6 所示,云资源管理可以搭建公有云、私有云等企业云。主要管理功能包括计算资源、对象存储、安全身份认证、操作界面、网络和镜像服务等。换句话说,云资源管理系统就是将云资源池中的各种资源进行管理和分配。

图 2-6　openstack 的 Logo

云桌面又称桌面虚拟化或者云计算机,是替代传统计算机的一种新模式;采用云桌面后,用户无须再购买计算机主机,主机所包含的 CPU、内存、硬盘、网卡等组件全部在云端虚拟出来。用户端设备一般采用瘦客户机(与电视机顶盒类似的设备)连接显示器、鼠标和键盘,用户安装客户端后通过特有的通信协议访问后端服务器上的虚拟机,实现交互式操作,达到与电脑一致的体验效果。

2.1.7 云计算的应用

目前,云计算已经从理念变成了现实,云计算的应用也随处可见。

(1) 政务云属于行业云的一种,为政府行业提供基础设施、支撑软件、应用系统、信息资源、运行保障和信息安全等综合服务平台。政务云由政府主导,企业建设运营,一方面可以避免重复建设,节约建设资金,另一方面通过统一标准有效促进政府各部门之间的互连互通、业务协同,避免产生"信息孤岛",同时有利于推动政府的大数据开发与利用,是大众创业、万众创新的基础支撑。

(2) 云盘是一种专业的互联网存储工具,是互联网云计算的产物,它通过互联网为企业和个人提供信息的储存、读取、下载等服务。具有安全稳定、海量存储的特点。图 2-7 是百度云盘的 Logo。

图 2-7 百度云盘 Logo

(3) 云主机是云计算在基础设施应用上的重要组成部分,位于云计算产业链金字塔底层,产品源自云计算平台。该平台整合了互联网应用的三大核心要素:计算、存储、网络,面向用户提供公用化的互联网基础设施服务。它整合了高性能服务器与优质网络带宽,有效解决了传统主机租用价格偏高、服务品质参差不齐等缺点,可全面满足中小企业、个人站长等用户对主机租用服务低成本、高可靠、易管理的需求。图 2-8 是华为云主机申请界面。

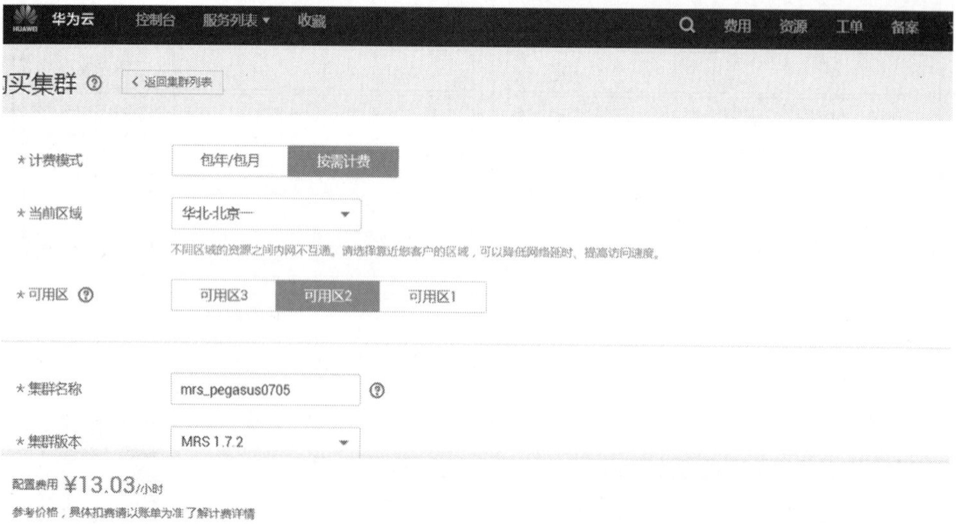

图 2-8 华为云主机申请界面

2.2 大数据简介

如今社会高速发展,科技发达,信息流通,生活也越来越方便,人们的学习、工作、生活、交流都会产生各种数据,各种传感设备、智能设备、终端设备也会产生各种数据,有人把这些数据比喻为蕴藏能量的矿藏,矿藏需要开采、挖掘并最终转换为对人们有用的能量,同样,大数据的价值也不在数据本身,而是通过挖掘得到有价值的信息,从而被人们所用。对于很多行业而言,如何让各种数据"有用"是赢得竞争的关键。这也是"大数据"这门技术存在的根本意义。如何从数据中挖掘出有用的信息呢?这就需要使用数据挖掘技术。

2.2.1 数据挖掘与数据分析的区别

数据挖掘是指通过特定的算法模型,从大量的数据中搜索出隐藏于其中的知识和信息的过程。例如,两个事物是否有潜在关联的信息?某个指标发展的趋势如何?如何对不同事务进行合理的分类?如图2-9所示,数据挖掘最大的作用就是挖掘知识和信息,起到预测和推理的作用。而传统的数据分析只是观察数据本身的特点,得到的是统计学信息,例如同比、环比、增速、均值等,但没有起到预测和推理的作用。

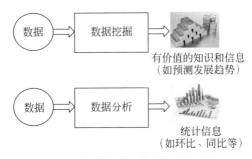

图 2-9 数据挖掘与数据分析的作用

2.2.2 数据挖掘与机器学习算法

数据挖掘中的算法模型又是什么呢?可以理解为用数学等理论知识推演出能够挖掘数据之间潜在联系和趋势的数学公式。将事先搜集好的某一场景产生的大量历史数据套入这些公式中,通过计算机充分计算,让这个公式完全适应这一场景,然后就可以用这个公式来挖掘或预测这个场景中未来的趋势或者结论。

这些复杂的公式就是数据挖掘中的各种算法模型,计算机根据现有数据进行计算并使模型公式适应场景的过程就叫模型的训练。因为这些模型都是计算机根据已有数据自行训练,所以这些模型又叫机器学习模型。训练完、学习完,这些模型就可以用于挖掘信息了。

机器学习算法有很多,按照功能可分为分类、聚类、关联、回归等。

2.2.3 回归类算法

回归主要是用模型来预测数值型结论。例如,某个模型是 $f(x)=y$,表达式是 $ax+b=y$,这个公式的目标是用自变量 x 预测因变量 y,实现目标的关键是要知道在这个场景

中 a 和 b 应该等于多少。那 a 和 b 怎么求呢？可以通过历史上出现过的 x 和 y 的记录，也就是历史数据，来计算 a 和 b，例如历史数据中 $x=10$ 时 $y=100$，$x=20$ 时 $y=150$，代入公式可求出 $a=5$、$b=50$，这个模型在这个场景下的表达式就是 $5x+50=y$。当再有新的 x 出现时，就可以预测出 y 值了。

在机器学习中，$f(x)=y$ 这个函数就是模型，x 和 y 都叫属性，其中，x 一般被称为特征，y 一般被称为标签，用历史数据寻找当前环境下 a 和 b 最合理解的过程就是模型的训练过程，历史数据可以按照一定比例分为训练集和测试集，训练集专门训练模型，测试集则是检测模型训练的效果。例子中 $ax+b=y$ 就是回归类算法中最简单的线性回归，以下将以线性回归为例介绍各种回归技术。

像上面这种通过一个特征就能准确求目标属性的情况并不多见。真正的回归模型面临的问题要复杂得多。

首先，世界越来越复杂，看人看事都要从方方面面看。回归也一样，虽然预测的目标属性仍然是一个 y，但用作自变量的属性可远远不止一个 x 了，可能包括 $x_1, x_2, x_3, \cdots, x_n$，也就是有 n 个属性会最终影响 y。像 $x_1, x_2, x_3, \cdots, x_n$ 这种自变量组被叫作一个 n 维特征向量。用 n 维特征向量做自变量预测目标属性的线性回归被叫作多元线性回归。注意：多元线性回归也是线性回归，所以 $x_1, x_2, x_3, x_4, \cdots, x_n$ 需要有 $a_1, a_2, a_3, a_4, \cdots, a_n$ 与之对应，但 b 仍然只有一个，多元线性回归的表达式如图 2-10 所示。

图 2-10 多元线性回归

其次，学过高中数学知识的朋友一定都知道线性回归中"线性"的意思，可是如图 2-11 所示情况，将表中的数据映射到坐标系内，却无法用"严丝合缝"的线把这些点穿起来，只能找出一条最合理的近似的直线来拟合。可是近似的线很多，理论上是无数条，那如何找到这

编号	工资/元	额度/元
1	4000	20 000
2	8000	50 000
3	5000	30 000
4	10 000	70 000
5	12 000	60 000
6	15 000	?

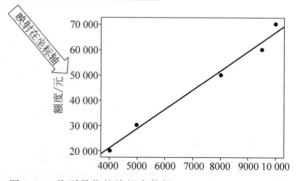

图 2-11 找到最优的线拟合数据

条最合理的线呢？这就要找一条距离各个节点距离之和最小的线,这个问题也转换为"最优解"问题,可以设计一个"损失函数"来表达线与节点的距离,然后针对损失函数求最小值,具体的求法可以使用"求导法"或"梯度下降法"。

第三,如果真的得到了一条"严丝合缝"的线,是不是应该庆祝呢？在属性和记录都很多的情况下,如果真的找到了一条线"严丝合缝"地拟合了所有数据点,那么很可能是出现了过拟合问题。如图 2-12 所示,这条折线虽然经过了绝大多数数据点,但这条线的形成过分依赖历史数据点,并且很难被表达,当遇到新点时预测值往往误差较大。

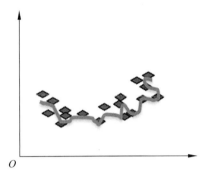

图 2-12　过拟合

那怎么避免过拟合呢？第一,扩大训练时的历史样本规模,见多才能识广。例如一个小孩吃到月饼是甜的,他大脑模型训练的结果是看见月饼就认为是甜的,等他长大走南闯北发现月饼还有咸的,这就可以修正他的大脑模型了。只要训练模型时历史样本规模足够大,模型就不会出现过拟合现象。第二,可以使用正则化,刚才提到了损失函数的概念,可以针对损失函数进行修改,增加惩罚项,从而避免或减轻过拟合,常见的正则化方法包括 L1 和 L2 正则化方法,感兴趣的朋友可以研究一下。

为了方便理解,上面的图像都是二维平面的,也就是模型函数的表现形式是一条线,但真实的多元线性回归模型的图形并不是一条线。多维数组、多种属性,所表示的数据点自然要被映射到更高维的空间,只是这高维的空间无法进行可视化展示。

除了线性回归,还有很多其他回归种类,例如随机森林回归、K 近邻算法（K-Nearest Neighbor,KNN）回归、Adaboost 等,感兴趣的朋友可以研究一下。

2.2.4　关联类算法

关联性反映一个事物与其他事物之间的相互依存性。很多人都听过超市卖啤酒和尿不湿的故事,超市发现很多顾客一买啤酒就会买尿不湿,说明二者是有关联的,如图 2-13 所示。毫无疑问能发现事物之间的关联关系,对于商业活动将大有帮助,例如很多互联网平台的"猜你喜欢"就使用了关联算法。

图 2-13　沃尔玛将啤酒和尿布放在一起促销

关联类算法的第一个思路是基于已知的项集和事务集来推导相应结论。什么是项集呢？例如购物时买了啤酒、牛奶、面包、花生酱这四件东西,这四件东西就构成了项集;什么是事务集呢?还是以购物为例,很多人买了东西,这些买东西的动作和买的东西就是事务集,如图 2-14 所示。通过总结这些项集和事务集中各个项之间共同出现的次数,或者一个项依赖另一个项出现的次数等指标,就会发现各个项之间的关联性。除此之外,还有置信度、支持度等指标,相关算法还有 Apriori 和 FP-growth 等。

➢ 项集:

　　$I=\{$啤酒,牛奶,面包,花生酱$\}$ 是一个 4 项集。

➢ 事务集:

事务	项目
t_1	面包、果冻、花生酱
t_2	面包、花生酱
t_3	面包、牛奶、花生酱
t_4	啤酒、面包
t_5	啤酒、牛奶

图 2-14　项集与事务集

关联类算法的另一个思路是"物以类聚、人以群分"。如果能证明某些买家存在共性,某些商品也存在共性,则很有可能是同一类人喜欢同一类商品,并可以此为依据进行推荐。比较典型的算法是协同过滤。

2.2.5　分类算法

前文介绍过,回归类算法预测的是数值型结果。而分类算法预测的是类别型结果,如图 2-15 所示,相亲遇到一个女孩,是同意交往呢还是不同意交往呢?这里的"同意"和"不同意"就属于两个类别,也可以称为两个标签,这种预测结果只包含"是"与"否"的分类问题被称为二分类问题。再举一例,假如预测某场足球赛结果,主队是赢还是平还是输呢?这个问题中分类结果多于两个,这种分类问题就是多分类问题。

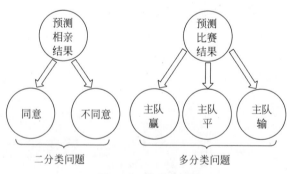

图 2-15　分类问题

下面简单介绍常见的分类算法。

1. 逻辑回归

注意,逻辑回归虽然也叫"回归",但却是用于分类的。逻辑回归就是把线性回归算出来的数值型结论转换成类别型结论。它使用 sigmoid 函数进行转换,这个转换可以把非常大或者非常小的数映射为 0~1,如图 2-16 所示。然后人为规定一个阈值,例如大于 0.5 的属于一个分类,小于 0.5 的属于另一个分类,逻辑回归根据这个分类将数值型结论转换为类别型结论,完成分类。

2. 决策树

例如,邀请同学周末来家里玩,以天气作为判断依据,预测同学会不会来家玩,图 2-17 就是一棵用于该预测任务的决策树。这棵树中根和中间节点是判断的依据,叶子节点是判断的结果。

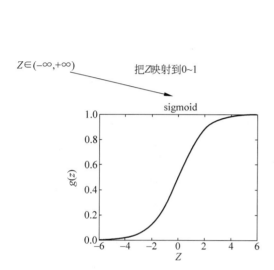

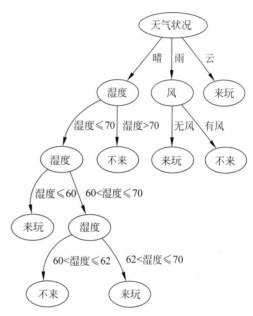

图 2-16 逻辑回归中的 sigmoid 转换　　图 2-17 预测同学是否来玩的决策树

如何构建决策树呢?有几种思路:一种是基于信息增益,代表算法是 ID3;另一种是基于信息增益率,代表算法是 C4.5;还有一种基于基尼系数,代表算法是 CART。信息增益、信息增益率、基尼系数都是用于描述事物"不纯度"的指标。

值得一提的是信息增益和信息增益率都是基于信息熵提出的,简单介绍一下熵的概念:熵是用来衡量一个随机事件出现可能信息的期望值。一个信息的不确定性越大,熵的值就越大,反过来,熵值大说明信息的不确定性大。例如,世界杯足球赛冠军,这个事情有多少种可能呢?假设巴西、法国、德国、西班牙、阿根廷、英格兰、比利时、荷兰这 8 支球队都有夺冠的可能。在世界杯开始之前,"世界杯足球赛冠军"携带信息大概有 8 种可能。换一个事件,世界乒乓球锦标赛男团冠军,这个事情有多少种可能呢?"世乒赛男团冠军"携带信息可能低于 8 种,它的熵值就要低于"世界杯足球赛冠军"。那熵高好还是熵低好呢?这个没有好坏的概念,它就是客观存在的。

3. 集成算法

三个臭皮匠顶个诸葛亮,有的时候一个模型判断难免有问题,这时可以考虑使用集成算法。集成学习是时下非常流行的机器学习算法,它会考虑多个基评估器(如单棵决策树)的建模结果,汇总之后得到一个综合的结果,以此来获取比单个模型更好的表现。集成算法主要包括了装袋法(bagging)和提升法(boosting)。

装袋法是构建多个相互独立的基评估器,然后采用"加权平均"或"少数服从多数"等原则来决定集成评估器的结果。装袋法的代表模型是随机森林,随机森林虽然有效避免了单棵决策树不稳定等问题,但内部各棵树之间是独立的,最终结果未必会比单棵决策树好很多。

提升法中,各个基评估器是相关的,是按顺序一一构建的。其核心思想是集合评估器的力量,对难以预测的数据集不断进行迭代,每次迭代都针对上一次的结果进行校正,从而构成一个强评估器。提升法的代表模型是 XGBoost(eXtreme Gradient Boosting)。它由华裔科学家陈天奇设计,在传统的梯度提升树算法基础上,XGBoost 进行了许多改进(如使用结构分数作为建树的依据),运算速度更快,预测结果更加准确,已经被认为是在分类和回归上都拥有超高性能的先进评估器,近些年,各大竞赛平台排名前列的解决方案逐渐由 XGBoost 算法统治。除了比赛之中,高科技行业和数据咨询等行业也已经开始逐步使用 XGBoost。

除了以上提到的算法外,分类算法还包括支持向量机(Suport Vector Machine,SVM)、朴素贝叶斯、KNN 等经典算法。

2.2.6 聚类算法

聚类算法和分类算法都是把对象集合分成不同的"堆",为什么要分为两类算法呢?主要是二者面向的场景不同:分类算法是面向有监督学习,而聚类算法是面向无监督学习。什么是有监督学习呢?就是在用历史数据训练模型过程中,目标属性是有确切结论的,例如之前相亲的例子,在训练模型时,历史数据中有明确的"同意"和"不同意"作为结论。就像学生时代训练做题时,老师是知道答案的,他会及时监督并纠正你的错误。除了分类,之前提到过的回归也是有监督学习,因为它在训练时历史数据中也是有标准答案的。无监督学习正好相反,就是训练模型的历史数据中没有标准答案,甚至可以说模型本身没有训练的环节,聚类就是无监督学习。

聚类的思想主要包括以下几种。

(1) 基于欧氏距离的聚类,将各条记录按照属性值映射到空间坐标系中,然后计算节点之间欧氏距离,离得近的就是一簇,比较经典的算法就是 K-means 聚类算法和 K 中心点算法。如图 2-18 为 K-means 聚类算法的结果示例。

(2) 基于层次的聚类是根据节点的共同特点,一层一层进行聚类,如图 2-19 所示。比较典型的包括分层聚类算法、BIRCH 算法。

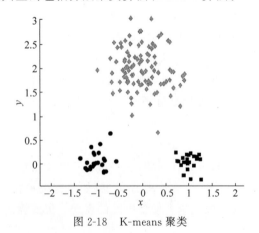

图 2-18 K-means 聚类

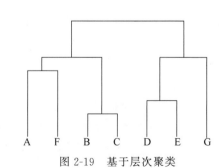

图 2-19 基于层次聚类

（3）基于密度的聚类，虽然也是把对象映射到坐标系上，但判断依据不是纯粹的欧氏距离，而是节点之间的紧密程度。如图 2-20 所示的 DBSCAN 算法，就是用密度直达、密度可达、密度相连等密度参数判断聚类的簇是否紧密，然后再判断一个点是否属于这个簇。

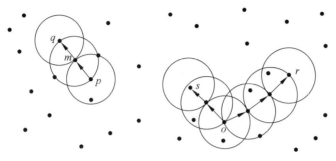

图 2-20　DBSCAN 聚类

为了和分类算法区分，聚类算法分堆一般叫"分簇"。在有监督学习中，模型的好坏往往比较容易描述，因为历史数据中有"标准答案"，只要通过测试集检查模型预测结果的准确率等指标就可以。但是聚类由于没有"标准答案"作参考，所以无法得到特别准确的参数评估指标。目前应用比较多的是使用轮廓系数或卡林斯基-哈拉巴斯指数。感兴趣的朋友可以研究一下。

2.3　Hadoop 简介

大数据的终极目标是从数据中挖掘出有用的信息，可是面对着海量的数据，如何能在技术层面上实现这一目标呢？目前业界用得最广泛的技术是 Hadoop 框架。

2.3.1　Hadoop 是什么

Hadoop 的创始人是 Doug Cutting，他的孩子有一只玩具象，这只玩具象叫 Hadoop，他就以这个玩具名字来命名这套架构，所以 Hadoop 的 Logo 是一只象，如图 2-21 所示。

Hadoop 不是一个工具或者软件，而是一个架构。这个架构包含了很多组件，如图 2-22 所示，这些组件相互配合，共同完成大数据的导入、储存、计算、分析等任务。

图 2-21　Hadoop 的 Logo

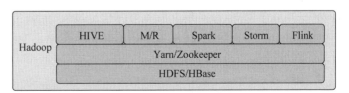

图 2-22　Hadoop 架构包含的组件

2.3.2　Hadoop 的整体设计思路

Hadoop 是基于服务器集群设计的，既然数据又多、又大、又复杂，还得算得快，索性采用"人多力量大"的方法,一台服务器干不过来,就用几百台服务器一起干。

Hadoop 所有的任务(包括存储、计算等)都是基于"分而治之"的思想,术语叫分布式并行处理,集群中每个节点统一规划分工,统一调度资源,有序合理地共同完成庞大的任务。

Hadoop 集群中的节点只是在大数据应用层面分工合作,每台服务器在物理和操作系统层面还是独立的。关于 Hadoop 集群的部署方式,不同的集群节点规模会有所不同。

2.3.3 Hadoop 中的存储组件

1. HDFS

HDFS(Hadoop Distributed File System)是基于集群分布式存储的文件系统,可以理解为一个虚拟的文件系统。一个很大的文件,可以把它放入到 HDFS 的某个目录下,与普通操作系统某个目录里面存放文件一样。对于用户而言,存储的是一个完整的大文件,但后台的实际情况是,HDFS 把这个大文件切分成了很多小文件块,并把这些文件块分别存储在集群中各个节点上,分布式存储,统一使用。如图 2-23 所示为 3 个节点集群的存储方式。只要集群节点够多,再大的文件也能存进去。

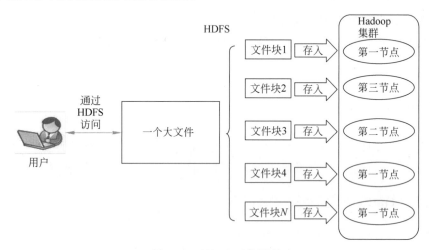

图 2-23　HDFS 工作原理

在 HDFS 集群中,负责存储数据的节点叫作 DataNode,集群中还有一类节点叫 NameNode,是负责存储元数据的节点,一般是主备部署。什么是元数据呢?就是标注数据信息的数据,例如记录某个文件块位置的数据,就是元数据。一个大文件的数据被分成若干文件块存到各个节点,总要有节点是"管事的",记录下各个文件块的位置,这个"管事的"节点就是 NameNode,换句话说 NameNode 存储着元数据。NameNode 是"管事的",DataNode 是"干事的",分而治之,有条不紊。

2. HBase

HBase(Hadoop dataBase)是 Hadoop 中专门的数据库组件。数据除了能存在文件里,还能存在哪里呢?答案是数据库。其实数据库是一种应用程序,它本身也是把数据存成相应的文件,只是用数据库管理数据文件更高效。HBase 真实的数据文件是存在 HDFS 中的。图 2-24 是 HBase 的 Logo。

图 2-24　HBase 的 Logo

和传统数据库比起来,HBase 有如下特点。

(1)分布式。HBase 也是有"管事的"和"干事的"节点。"管事的"节点叫 HMaster。"干事的"节点叫 HRegionServer,HBase 数据库管理的也是数据表,只是这张表很大很复杂,HBase 将它分成了多个子表,这些子表称为 Region,HRegionServer 存储的就是 Region,如图 2-25 所示。

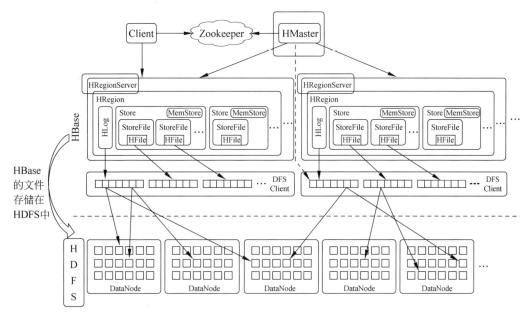

图 2-25　HBase 的架构

(2)面向非结构化的数据,HBase 引入了"列族"和"列标识符"的概念,可以实现非结构化数据的存储和管理,如图 2-26 所示。

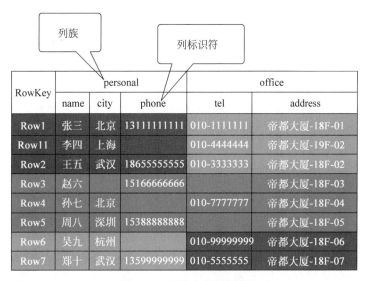

图 2-26　列族和列标识符

(3)列式数据库。传统数据库的数据表,里面的记录是以行为单位进行存储的。即后台将数据表存成文件时,先存第一行,然后存第二行,以此类推。加载数据也是按照行加载的。这是因为传统数据库更关注记录本身的各个属性值,例如保险公司看某张保单的信息,肯定是看这张保单对应记录各个属性的详细数值,按行处理效率就很高。

在大数据中,很少会对某一条记录感兴趣。大数据主要用于分析和挖掘数据的宏观价值,例如要统计某个月所有保单对应的核赔金额总和,而不是某张保单的详细信息。如果还按照"行"为单位进行存储或加载,效率太低了,需要把所有保单记录都加载,然后找到每个记录的"核赔金额"进行求和。所以 HBase 就以"列"为单位存储或加载数据,当求"核赔金额"总和时,所有保单记录的"核赔金额"列一起被加载,这样求和时速度就快很多,如图 2-27 所示。这就是列式数据库的优势。

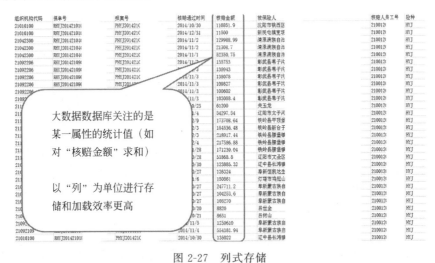

图 2-27 列式存储

注意,HBase 虽然是数据库,但不能直接使用 SQL 语句,select 之类的语句是无效的。

2.3.4 Hadoop 的计算组件

常用的大数据计算框架包括 MapReduce、Spark、Storm、Flink 等,如图 2-28 所示。什么是计算框架呢?就是编程的时候,程序中"成套路"的代码都是事先写好了,程序员只需要在框架指定的位置编写自己业务逻辑部分的代码就可以了,框架具体执行的细节不需要知道,这大大提高了编程效率。这些计算框架的实现也是基于集群的,把庞大的计算任务"分而治之"。集群中也有"管事的"节点(负责分配计算任务)和"干活的"节点(执行计算任务),例如 storm 框架,"管事的"节点叫 Nimbus,"干活的"节点叫 Supervisier。

为什么有这么多计算框架?

首先,当年 Web 技术流行时,JSP、.NET、ThinkPHP 等编程框架群雄并起,有竞争才能有进步。大数据也一样,例如 Spark 和 MapReduce 都可以进行离线数据处理,但是 Spark 比 MapReduce 性能高。

其次,每个框架的侧重点不同,有些是针对批处理数据,有些是针对流处理数据。批处理和流处理又是什么呢?例如捉老鼠,如果把一窝老鼠引出洞,引到一个地方一块消灭,就是批处理;如果堵在老鼠洞口,老鼠出来一个抓一个,这就是流处理。批处理时,数据得"凑

图 2-28　Hadoop 架构中常见的计算框架

一堆"才能处理,例如针对过去 10 分钟的数据一次性进行处理;与批处理对应的是流处理,流处理更多是针对实时数据,因为实时性,数据来了之后不能等,必须马上处理。而且实时数据就像水流一样,源源不断地来,源源不断地被处理。大数据中有的框架专门用于批处理,例如 MapReduce 和 Spark;有的专门用于流处理,例如 Spark-streaming 和 Storm;还有都能处理的,例如 Flink。

有了编程的框架,高手们做了很多方法库,例如基于 Spark 的 Mlib 库,就是一个基于 Spark 框架编写的数据挖掘方法库。在进行数据挖掘编程时,直接调用方法库里的方法就行。

有些从事数据库管理的朋友可能会担心。Hadoop 的数据库 HBase 不能使用 SQL,各种计算框架又要编程写代码,那处理数据最常用的 SQL 语言岂不是要被淘汰了?别担心,高手们基于各种计算框架已经开发好了各种工具,这些工具会帮助人们在处理大数据时和使用传统数据库一样,用 SQL 语言即可。

例如,基于 MapReduce 架构开发的 Hive,就可以让用户通过 SQL 语言对 HDFS 和 HBase 中的数据进行操作,操作过程完全不需要编程,如图 2-29 所示。性能更好的 Spark 也不甘落后,演化出了 sparkCQL 工具,也可以用 SQL 管理数据。

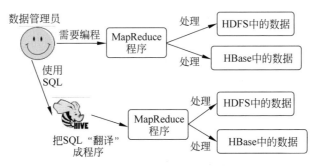

图 2-29　通过特殊工具,SQL 语言依然可以使用

2.3.5　Hadoop 的资源配置组件

无论是什么计算框架,都是要消耗资源的(包括 CPU 和内存等),集群中那么多节点的

计算资源怎么分配呢？Hadoop 有一个专门负责分配计算资源的组件，叫 YARN。有时候会听到 Spark on YARN 或者 Flink on YARN，其实就是用 YARN 来为 Spark 或者 Flink 框架的各个计算节点动态合理地分配资源。图 2-30 就是 Spark 与 YARN 配合使用的流程。

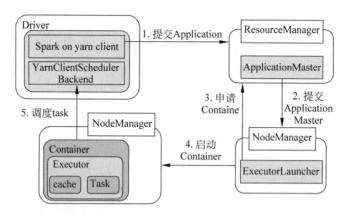

图 2-30　Spark on YARN(client 模式)的运行流程

YARN 本身也是总分结构，宏观管理的节点叫 ResourceManager，实际管理各个节点资源的节点叫 NodeManager。

2.3.6　Hadoop 的数据获取组件

无论是 HDFS 还是 HBase，它们存储的数据从哪来呢？如果是日常做实验，数据小一点的情况，可以使用 HDFS 中的 put 命令将数据导入 Hadoop 集群；如果数据规模较大、较复杂，就需要 Hadoop 架构中的一些工具组件了，包括 Sqoop、Flume、Kafka。Sqoop 是把原来结构化的数据导入 Hadoop 集群中，Flume 和 Kafka 一般配合导入流数据。

2.3.7　Hadoop 中的 Zookeeper

Zookeeper 直译是动物园管理员。Hadoop 很多组件的 Logo 都是动物，例如 Flink 是松鼠，HBase 是海豚。Zookeeper 自然就是这些小动物的管理员，更准确地说是"保姆"，它本身对大数据没有任何实际功能，但却能帮助这些"小动物"（也就是各个组件）完成"七七八八"的琐事。例如很多组件都采用分而治之的思路，组件都需要有"管事的"节点和"干活的"节点，哪个节点充当"管事的"节点呢？这就需要 Zookeeper 来协助选举，术语叫"分布式锁"功能；再如 HBase 的元数据要存在一个专门的 Region 中，这个特殊 Region 的位置就被记录在 Zookeeper。所以 Zookeeper 很重要，默默帮助各个组件协调内部关系。

2.4　人工智能简介

人工智能是 20 世纪 50 年代才被提出来的，1958 年，人们造出了世界上第一台人工智能设备，大小几乎可以充满一个屋子，然而这么大的设备却只能识别一张纸片上画的是不是三角形，如图 2-31 所示。

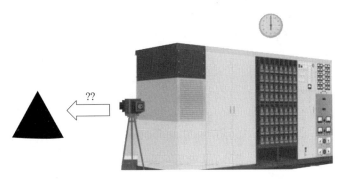

图 2-31　第一台人工智能设备体型巨大,但只能识别图片上是不是三角形

在之后的很长一段时间里,虽然计算机的性能不断提升,但因为人工智能算法复杂,始终没有大规模应用于日常生活,所以也有人把 2010 年以前称为人工智能的冰川期。近些年,随着计算机硬件的飞速发展和大数据计算框架的成熟,人工智能涉及的复杂算法不再是不可逾越的鸿沟。人工智能技术迅速崛起,几乎应用到了各行各业,如银行的人脸识别、手机的语音输入、淘宝的拍立淘、围棋的人机对战,还有智能驾驶、智能作曲、智能医疗等。可以说,经过多年发展,人工智能逐渐渗透到了我们生活中的所有领域。

2.4.1　神经网络

在算法方面,目前人工智能涉猎最多的是神经网络,神经网络是模拟人脑工作过程的算法。

人脑首先从眼睛、耳朵收集原始数据,例如眼睛收到了光的原始数据,把这些数据作为输入值传入某个神经元,如图 2-32 中的神经元 A,神经元 A 对于这些输入值进行处理,得出某一种处理结果,并把这个处理结果传给下一个神经元 B,神经元 B 把神经元 A 的输出值当成输入值,再在神经元 B 内部对这个信息进行处理,得到新的处理结果,并把这个结果作为输出值再传给下一个神经元,以此类推。正是由于大脑中有无数的神经元处理信息并且彼此传递信息,才能将原始输入的数据转成最终能理解的知识和信息。只要脑袋里神经元够多够活跃,我们就能感受到这个世界的五光十色和姹紫嫣红。

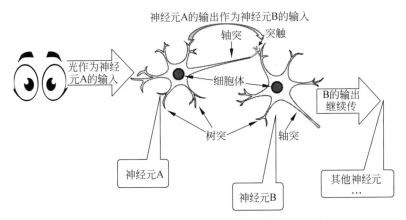

图 2-32　人脑的神经元网络感知世界

于是，计算机科学家和生物学家根据人脑认识世界的思路设计了一套让计算机认识复杂世界的算法，他们用程序模拟了神经元、神经元的连接和信息传递，这就是神经网络。

1. 非线性处理

之前提到，人脑神经元需要把一个输入值进行处理得到一个输出值，这种处理过程多数是非线性的。什么是非线性处理呢？数学中的意思是不进行线性转换，即不能通过某个线性公式将原数值转成另一个数值。为便于理解人脑的非线性转换，我们来举个生活中的例子，一个成年人说话一般都会"过脑子"，例如要"借钱"，很少有人直接向对方说借钱的事情，都会转成一种让对方接受的方式表达，这就是一种非线性处理。在计算机的神经网络中，用程序模拟神经元，对输入直接进行非线性处理，在介绍逻辑回归时的 sigmoid 转换就是典型的非线性处理，一个神经元程序内部就可以使用 sigmoid 转换对输入值进行非线性处理，sigmoid 函数也被称为这个神经元的激活函数。除了 sigmoid，还有很多其他种类的激活函数，如图 2-33 所示。

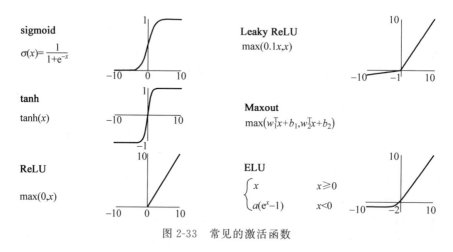

图 2-33 常见的激活函数

2. 神经元之间的连接和信息传递

人脑中的神经元会把输出值传递给下一个神经元作为输入值，并且构建复杂的连接，即一个神经元的输出可能作为其他很多神经元的输入，复杂的连接是为了能让更多的神经元分享这个输出值，但这个输出值又不能太"泛滥"地传递，其他神经元至少要能对各种输入信息有"孰重孰轻"的判断能力。在计算机的神经网络中，"广泛的连接"很好理解，就是每个神经元与下一层所有神经元都连接起来。

如何区分信息重要性呢？这里引入了权重的概念（图 2-34 中的 w），每个神经元给下一个神经元传递信息的时候输出值需要乘以这个连接携带的权重，权重小说明一个神经元的输出对下一个神经元的影响较小，反之则说明影响较大。这些权重怎么计算呢？主要是神经网络在训练的时候自行计算，神经网络也是一种有监督学习，所以一些参数的计算并不需要人为干预。

图 2-34 中出现了层的概念。神经网络中有三种层：输入层、隐藏层、输出层，每个层都由若干神经元组成。一般层内的神经元彼此不连接，而是与其他层神经元连接。专门接收原始数据的神经元组成了输入层；专门输出神经网络预测结论的神经元组成了输出层；输入层和输出层之间负责各种运算和信息传递的神经元组成的层次称为隐藏层，隐藏层可以

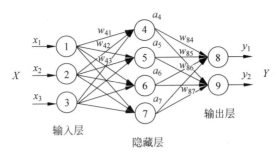

图 2-34 神经元之间的连接是有权重的

不止一层。举个例子,根据一个食品的质量和半径这两个属性值预测该食物是包子、馅饼还是烧饼。如图 2-33 所示,神经网络系统会在输入层安排两个神经元接收某个食物的质量和半径这两个属性值,然后开始非线性计算并将结果乘以对应权重值,传给隐藏层各个神经元,隐藏层若干个神经元对输入值进行非线性计算后也乘以对应权重,并将结果传给输出层,输出层安排三个神经元,在计算之后输出三个值,y_1、y_2 和 y_3,y_1 代表食品是包子的概率,y_2 代表食品是馅饼的概率,y_3 代表食品是烧饼的概率。图 2-35 中 y_1 最大,说明这个食物大概率是个包子,这就是一个简单的神经网络的工作过程。

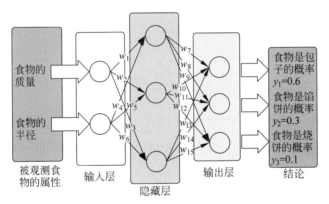

图 2-35 神经网络应用举例

当神经网络中的神经元足够多,结构足够复杂时,就可以处理各种复杂的数据。例如判断一幅画的内容,输入层可以部署大量神经元,每个神经元接收图像一个像素的信息,然后进入更加复杂的隐藏层进行计算,训练出的神经网络模型可以判断图像的内容。理论上,神经元越多,连接越复杂,隐藏层的层数越多,神经网络预测的效果就越好,但消耗的资源肯定就越多。越是复杂的问题,越需要更多层次的隐藏层,最常听到的人工智能深度学习中的"深度"就是指从输入层到输出层所经历层次很多,很有深度。如图 2-36 所示为深度神经网络,至于隐藏层每个神经元具体怎么工作的,不需要关心,也无法弄清楚,就像很难定义人脑中某个神经元具体起到什么作用一样,一般很难知道神经网络中某个神经元的具体作用。

随着技术的发展,针对不同应用场景有很多改进版本的神经网络,例如针对图像处理的卷积神经网络,针对自然语言处理的循环神经网络等。

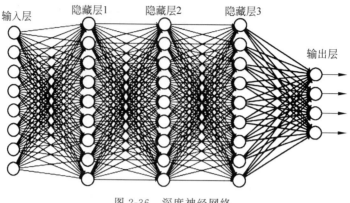

图 2-36　深度神经网络

2.4.2　其他人工智能算法

除了神经网络之外，还有很多人工智能相关的算法，例如强化学习、迁移学习、遗传算法、蚁群算法、粒子群算法等，甚至经济学中的博弈论在广义上也可以称为人工智能算法。可见人工智能理论体系博大精深。

2.4.3　人工智能运算介质

人工智能需要哪些设备呢？

首先是高性能的服务器，互联网时代每天都有成千上万的图片、成千上万的语音和文字进行传递，没有高级计算能力的服务器根本不可能对其进行智能分析，更不用提进一步的业务处理。一般私有服务器很难达到这样的性能要求，很多情况都是使用云服务资源来进行相关运算，而且很多云资源本身就有现成的人工智能服务，购买后直接使用就行。图 2-37 为华为云人工智能平台 ModelArts。

图 2-37　华为 ModelArts 平台

但即使使用云服务也无法处理那么多信息，有些运算其实是不需要传到服务器端进行处理的，在手机端处理就可以了。随着芯片技术的提升，有些简单的人工智能操作，例如简单的图像识别处理或者语音处理直接就可以在手机端完成。

对于像摄像头和传感器这种没有操作系统的终端如何进行计算呢？可以使用如图2-38所示的开发板，在开发板上开发简单的人工智能程序，然后把摄像头插在上面，摄像头的数据先被传到开发板，开发板就会进行简单的人工智能处理。这就减轻了云端服务处理数据的压力，也减少了网络传递的延迟，实现了"云端结合"。云端的计算叫云计算，终端的计算一般叫"边缘计算"。

图 2-38 华为 Atlas 开发板

2.5 物联网简介

物联网(Internet of Things，IoT)可以理解为物物相连的互联网。这有两层意思：其一，物联网的核心和基础仍然是互联网，是在互联网基础上延伸和扩展的网络；其二，用户端延伸和扩展到了任何物品与物品之间，进行信息交换和通信，也就是物物相息。

物联网最早于1999年由美国麻省理工学院提出，早期的物联网是指依托射频识别(Radio Frequency IDentification，RFID)技术和设备，按约定的通信协议与互联网结合，使物品信息实现智能化识别和管理，实现物品信息互联、可交换和共享而形成的网络。如今随着技术的发展，物联网已经飞速发展，日常生活中已经随处可见物联网技术，如图2-39所示。综上所述，物联网就是通过二维码识读设备、RFID装置、红外感应器、全球定位系统、激光扫描器、摄像头、音频采集器等信息传感设备，按约定的协议，把任何物品与互联网相连接，进行信息交换和通信，以实现智能化识别、定位、跟踪、监控和管理的一种网络。

共享单车

排队取号

智能泊车

智能家居

图 2-39 物联网的应用

2.5.1 物联网的整体架构

物联网并不是某一单独的技术，而是若干技术的综合应用。物联网的技术架构一般可分为感知识别层、网络构建层、平台层和应用层，如图2-40所示。

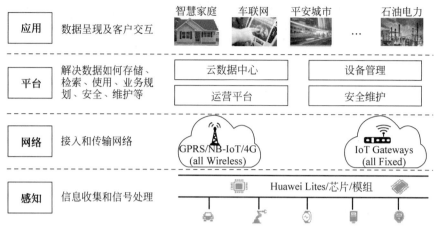

图 2-40　物联网的层次架构

(1) 感知识别层可以简称为感知层，负责物联网信息的收集和获取，是物联网整体架构的基础。在感知层，各种识别技术可以对物体进行标注，传感器感知物体本身和周围的信息，因此物体也具备了"说话和发布信息"的能力。

(2) 网络构建层简称为网络层，将感知层采集到的信息传递给物联网云平台，还负责将物联网云平台下发的命令传递给应用层，具有链接效应。网络层主要通过物联网、互联网和移动通信网络传输大量信息。

(3) 平台层负责平台管理，主要解决数据存储、检索、使用、业务规划和数据安全隐私保护等问题。

(4) 应用层实现数据呈现以及与客户的交互。物联网的最终目的是应用在各个场景中，将物体在物联网云平台上传输的信息进行处理后，挖掘出的宝贵信息将应用到智慧物流、智慧医疗、食品安全等实际生活和工作中。

物联网的应用层主要使用各种编程、数据库、人工智能等技术，平台层则主要使用云计算等计算资源，在之前已经有所介绍。本节将重点介绍物联网的网络层和感知层。

2.5.2　物联网网络层

传输数据是物联网必备的功能，因此物联网的网络层非常重要。由于物联网要面对各种各样的复杂通信需求，因此使用的通信技术也五花八门，例如平时最常见的以太网，工业中经常使用的 PLC、RS-485，无线局域网中最广泛使用的 Wi-Fi 等。特别是无线网络在物联网技术中起到至关重要的作用，除了 Wi-Fi，还有很多技术需要了解。

1. 蓝牙(Bluetooth)

据说丹麦历史上有个国王，他将纷争不断的部落统一成了一个王国，这个国王有个绰号叫"蓝牙王"(传说是因为爱吃蓝莓)。当年 IEEE 802.15 网络技术在推广的时候就借用了蓝牙的意思，即统一各种无线通信标准，要做无线通信的"国王"。

蓝牙有很多优势，主要体现在以下几点。

(1) 它能传多媒体数据，例如音频、视频等。

(2) 蓝牙可以随时组网，例如生活中常用到的蓝牙耳机就可以和手机随时组网。

(3) 蓝牙还进化出了 iBeacon 等很实用的技术。

图 2-41 是蓝牙的 Logo。蓝牙必须成对组网,例如,用蓝牙连接智能手机和智能手环,就会看到,手机与手环显示"配对成功"。这种配对组网的方式决定了蓝牙的组网方式比较单一,网络规模不可能太复杂,这是它最致命的问题。

2. 红外

不是所有无线通信技术都能传递音频、视频,例如红外。家里电视或者空调的遥控器都用红外。红外不能传递音频、视频,只能传递以字节为单位的数据,例如换频道或者调整温度,如图 2-42 所示,传递数字就够用了。

图 2-41　蓝牙 Logo

图 2-42　家用遥控器常用红外通信

虽然传递信息量小,但它的优势也很明显——省电。家里的遥控器电池能用很长很长时间,所以像红外这样的信息量传递较小又比较省电的无线通信又叫低功耗无线通信技术。不过红外在低功耗无线通信中并不是主流,因为它不能"穿墙",而且发送设备的方向必须对准接收设备,这就太死板了。

3. ZigBee

ZigBee 也是低功耗无线通信。比起红外,它可以穿墙,并且方向灵活,这就使它比红外更受欢迎。例如,智能家居中的智能窗帘、智能电灯等就有很多通过使用 ZigBee 实现控制目的。图 2-43 是 ZigBee 的 Logo。

除此之外,ZigBee 还有自组织成网的能力。各个 ZigBee 节点不用配置路由信息,这些节点就可以在某个范围内自己建立路由路径,独立组网。例如,可以在某些传感器上加载 ZigBee 模块,然后把它们放到荒郊野外去探测自然环境(温度、湿度等),既满足字节级数据传递的需求,又满足低功耗省电的需求,还满足自组成网的需求。所以 ZigBee 未来在低功耗短距离无线通信中应该会有一席之地。

4. NFC

很多人的手机支持近场通信(Near Field Communication,NFC)功能,使用起来像"刷卡"。NFC 最大的弱点就是收发终端之间距离要求太近,但这也恰恰成为它的优点。例如公交刷卡或者作为电子锁钥匙,为了安全,都需要近距离操作,NFC 正合适。图 2-44 是 NFC 的 Logo。

图 2-43　ZigBee 的 Logo

图 2-44　NFC 的 Logo

5. NB-IoT

窄带物联网(Narrow Band Internet of Things,NB-IoT)是长距离无线通信技术,而前面提到的4种无线通信技术都适用于短距离无线通信。NB-IoT技术在有效提供深度室内覆盖的同时,可以支持大量的低吞吐率、超低成本设备连接,并且具有低功耗、优化的网络架构等独特优势。而且NB-IoT支持基于目前LTE制式平滑演进,并根据不同运营商的需求,支持灵活的频段部署,所以虽然使用频谱有所区别,但大部分知名运营商都支持NB-IOT。图2-45是NB-IoT的技术架构。

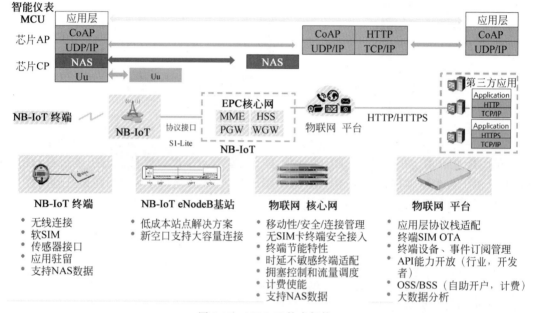

图 2-45　NB-IoT 技术架构

6. 5G

5G是第五代移动通信技术的缩写,目前5G已经开始在全球各地商用部署,5G主要适用于以下应用场景:

(1) 增强型移动宽带(eMBB)。简单来说,5G上网的速度更快。在5G时代,高清VR(带宽要求为1Gbps)以及4K、8K超高清视频等应用都将彻底摆脱移动网络带宽带来的限制。

(2) 大规模机器通信(mMTC)。mMTC就是支持大规模的并发链接,是5G专门适应物联网的应用场景,可应用在物流管理、智能农业、远程监测、旅游管理、智慧家庭、智慧社区、共享设备等领域。在这些领域中,人机连接、机机连接不计其数,例如智能农业中每一颗农作物都要通过物联网被监控,也就是每一颗农作物都要连接到网络中,这就需要大规模的连接通信,而5G恰恰支持这样的应用场景,在一平方千米的面积上可以同时接入100万个节点。

(3) 高可靠、低时延的通信(uRLLC)。5G时代,人工智能、自动驾驶、交通控制、远程施工、同声翻译、工业自动化等业务将在各个领域(特别是关键领域)发挥重要作用,因此通信质量将非常关键,例如车联网的应用场景中,一辆行驶在高速公路上的自动驾驶汽车,如果网络通信不可靠,车辆将无法及时处理路况信息,就可能造成不可估量的损失和危险。而5G将提供相应的通信性能保证,2019年北京301医院的一位医生通过5G远程为一只小猪做了肝小叶的切除手术,整个手术过程通信延时不超过0.1s。

正是由于适用以上场景,5G将在未来的万物互联时代大显身手。

2.5.3 物联网感知层

广义上讲,物联网中所有能感知周围环境或对事物进行识别能力的技术,都是感知层技术,例如各种传感器、二维码识读、RFID、红外感应器、全球定位系统、激光扫描器、摄像头、音频采集等都属于感知层技术。下面以二维码和RFID为例进行介绍。

1. 二维码技术

如图2-46所示,二维码(2-dimensional bar code)是用某种特定的几何图形按一定规律在平面(二维方向上)分布的、黑白相间的、记录数据符号信息的图形。在代码编制上巧妙地利用构成计算机内部逻辑基础的0、1比特流的概念,使用若干个与二进制相对应的几何形体来表示文字数值信息,通过图像输入设备或光电扫描设备自动识读以实现信息自动处理。它具有条码技术的一些共性:每种码制有其特定的字符集;每个字符占有一定的宽度;具有一定的校验功能等。同时还具有对不同行的信息自动识别及处理图形旋转变化点的功能。

图2-46 二维码

二维码的形成方式可以分为堆叠式和矩阵式。堆叠式编码原理是建立在一维条码基础之上,按需要堆积成二行或多行。它在编码设计、校验原理、识读方式等方面继承了一维条码的一些特点,识读设备及条码印刷与一维条码技术兼容。但由于行数的增加,需要进行判定,其译码算法与软件也不完全相同于一维条码。有代表性的行排式二维条码有Code16K、Code49、PDF417等。矩阵式二维条码是在一个矩形空间通过黑、白像素在矩阵中的不同分布进行编码。在矩阵相应元素位置上,用点(方点、圆点或其他形状)的出现表示二进制的1,点的不出现表示二进制的0,点的排列组合确定了矩阵式二维条码所代表的意义。矩阵式二维条码是建立在计算机图像处理技术、组合编码原理等基础上的一种新型图形符号自动识读处理码制。具有代表性的矩阵式二维条码有CodeOne、MaxiCode、QRCode、DataMatrix等。

2. RFID

RFID系统是一种非接触式的自动识别系统,它通过射频无线信号自动识别目标对象,并获取相关数据。RFID系统中的硬件组件包括电子标签、读写器(包括传感器/执行器/报警器和边沿接口)、控制器和读写天线;系统中当然还要有主机,用于处理数据的应用软件程序,并连接网络。RFID系统的基本工作原理是:由读写器通过发射天线发送特定频率的射频信号,当电子标签进入有效工作区域时产生感应电流,从而获得能量被激活,使得电子标签将自身编码信息通过内置天线发射出去;读写器的接收天线接收到从标签发送来的调制信号,经天线的调制器传送到读写器信号处理模块,经解调和解码后将有效信息传送到后台主机系统进行相关处理;主机系统根据逻辑运算识别该标签的身份,针对不同的设定做出相应的处理和控制,最终发出信号,控制读写器完成不同的读写操作。图2-47为RFID工作原理。

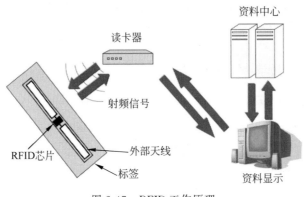

图 2-47　RFID 工作原理

2.6　智能芯片

2.6.1　智能芯片发展历程

智能芯片指的是针对人工智能算法做了特殊加速设计的芯片。现阶段,这些人工智能算法一般以深度学习算法为主,也可以包括其他机器学习算法。智能芯片行业指的是从事人工智能芯片相关性质的生产、服务的单位或个体的组织结构体系的总称。

智能芯片作为人工智能核心的底层硬件,经历了多次的起伏和波折,总体来看,智能芯片经历了四次大的变化。

（1）2007 年以前,智能芯片产业一直没有发展成为成熟的产业；同时由于算法、数据量等因素,这个阶段的智能芯片并没有强烈的市场需求,通用的 CPU 芯片即可满足应用需要。

（2）随着高清视频、VR/AR 游戏等行业的发展,CPU 产品取得快速突破,同时人们发现 GPU 的并行计算特征恰好适应人工智能算法及大数据并计算的需求,如 GPU 比之前传统的 CPU 在深度学习算法上可以提高十倍的效率,因此开始尝试使用 GPU 进行人工智能计算。

（3）进入 2010 年后,云计算广泛推广,人工智能的研究人员可以通过云计算借助大量 CPU 和 GPU 进行混合运算,进一步推进了 AI 芯片的深入应用,从而催生了各类智能芯片的研发与应用。

（4）人工智能对于计算能力的要求不断提升,进入 2015 年,GPU 性能功耗比不高的特点使其在适用场合受到多种限制,业界开始研发针对人工智能的专用芯片,以期通过更好的硬件和芯片结构,在计算效率、能耗比等性能上得到进一步的提升。

2.6.2　智能芯片分类

人工智能芯片目前有两种发展路径：一种是延续传统计算框架,注重硬件计算能力,主要以 3 种类型的芯片为代表,即 GPU、FPGA、ASIC,但 CPU 依旧发挥出不可替代的作用。另一种是颠覆经典的冯·诺依曼计算架构,采用类脑神经结构来提升计算能力,以 IBM

TrueNorth 芯片为代表，未来具备很大潜力，可能在未来成为人工智能行业的主流。

现在的计算机采用的都是冯·诺依曼架构。它的核心架构就是处理器和存储器是分开布局的，所以 CPU 和内存条没有集成在一起，只是在 CPU 中设置了容量极小的高速缓存。而类人脑架构是模仿人脑神经系统模型的结构，人脑中的神经元既是控制系统，同时又是存储系统。因此 CPU、内存条、总线、南北桥等，最终都必将集成在一起，形成类人脑的巨大芯片组，至于发热、内存条微型化等问题，人类最终都会找到解决方法。

通用芯片（GPU）是单指令、多数据处理，采用数量众多的计算单元和超长的流水线，主要处理图像领域的运算加速。GPU 是不能单独使用的，它只是处理大数据计算时的能手，必须由 CPU 进行调用，下达指令才能工作。但 CPU 可单独作用，处理复杂的逻辑运算和不同的数据类型，当需要处理大数据计算时，则可调用 GPU 进行并行计算。

半定制化芯片（FPGA）适用于多指令、单数据流的分析，与 GPU 相反，因此常用于预测阶段，如云端。FPGA 是用硬件实现车件算法，因此在实现复杂算法方面有一定的难度，缺点是价格比较高。

全定制化芯片（ASIC）是为实现特定场景应用要求时，而定制的专用 AI 芯片。除了不能扩展以外，在功耗、可靠性、体积方面都有优势，尤其在高性能、低功耗的移动设备端。

类脑芯片结构非常独特，可以仿照人类大脑的信息处理方式进行感知、思考并产生行为。人脑中的突触是神经元之间的连接，具有可塑性，能够随所传递的神经元信号的强弱和极性调整传递效率，并在信号消失后保持传递效率。而模仿此类运作模式的类脑芯片便可实现数据并行传送和分布式处理，并能够低功耗实时处理海量数据。

GPU 未来的应用方向是高级复杂算法和通用性人工智能平台，买来就能使用。FPGA 更适用于各种具体的行业，人工智能会应用到各个具体领域。ASIC 芯片是全定制芯片，就是当客户处在某一特殊场景时，可以为其独立设计一套专业智能算法软件。类脑芯片是人工智能最终的发展模式，但是离产业化还很遥远。

2.6.3 智能芯片应用领域

随着人工智能芯片的持续发展，应用领域会随着时间推移而不断地向多维方向发展，比较集中的应用领域包括以下方面。

1. 智能手机

目前，人工智能芯片在手机领域的应用主要体现为两大功能，分别是语言识别和图像分析。未来人工智能芯片在手机上的应用将使智能手机实现真正意义上的"智能"。随着人工智能芯片技术研发和商业化发展，未来手机处理器将能够利用名为"深度学习"的人工智能方式。未来的智能手机将成为真正的智慧手机，到 2025 年将会有超过 90% 的智能终端用户将从个性化、智慧化的智能个人助理服务中获益。人工智能不仅能让手机听懂、看懂、对话，甚至将以人类的思考方式来理解人类诉求，让用户快速、精准地获取信息和服务，人工智能芯片在手机领域的应用潜力巨大。

2. 健康医疗

人工智能在医疗健康领域中的应用领域包括虚拟助理、医学影像、药物挖掘等，具体如分析患者行为，制定个性化肿瘤治疗方案；虚拟医疗助手，改善药物依从性；跟踪状态，自动汇报支持智能看护；智能化药物研发等。从社会的投融资情况来看，在人工智能医疗健康各细分领域中,医学影像项目数量最多。从而分析可知,人工智能在医疗健康的应用较为广泛,未来还有待深化发展。

3. 智能教育

长期以来,由于各种原因,我国传统教育方式存在诸多缺陷,如缺乏主动性、无法因材施教等。人工智能通过语音识别、图像处理、大数据收集和分析,能够很好地解决我国当前教育存在的诸多弊端。随着人工智能技术的发展,人工智能技术将覆盖教育全产业链条:教、学、考、评、管,尤其是早教市场、教辅市场、高等教育、职业教育、语言教育等各类教育市场,可见人工智能芯片在教育领域的应用空间规模巨大。

4. 智能金融

人工智能芯片在金融领域的应用主要包括智能客服、人脸识别与安全监控、机器学习、预测分析与智能投顾等。具体来说,人工智能至少可以运用到金融的七大领域,即大数据营销、智能投顾、智能支付、自动交易、智能投研、大数据风控、监管科技。未来随着人工智能的不断发展,可以应用到金融领域的场景会迅速拓展,人工智能芯片在金融领域前景可观。

5. 新零售

人工智能技术在电商领域拥有丰富的应用场景,从精准营销、供应链优化、搜索、用户交互、到智慧物流、机器人客服甚至零售业全面覆盖,涉及数据分析、图像识别、语音识别等人工智能技术的多个方面。

2.6.4 智能芯片发展趋势

在 AI 芯片领域,目前还没有出现一款 CPU 类的通用 AI 芯片,人工智能想要像移动支付那样深入人心,改变社会,可能还差一个"杀手"级别的应用。无论是图像识别、语音识别、机器翻译、安防监控、交通规划、自动驾驶、智能陪伴、智慧物联网等,AI 涵盖了人们生产生活的方方面面,然而距离 AI 应用落地和大规模商业化还有很长的路要走。对于芯片从业者来讲,当务之急是研究芯片架构问题。软件是实现智能的核心,芯片是支撑智能的基础。当前 AI 芯片发展,短期内以异构计算为主来加速各类应用算法的落地;中期要发展自重构、自学习、自适应的芯片来支持算法的演进和类人的自然智能;长期则向通用发展。

1. AI 的通用性

AI 的通用性实际包括两个层级。第一个层级是可以处理任意问题;第二个层级是同一时间处理任意问题。第一层级的目标是让 AI 的算法可以通过不同的设计、数据和训练方法来处理不同的问题。例如,利用现在流行的深度学习方法训练 AI 下棋、图像识别、语音识别、行为识别、运动导航等。但是,不同的任务使用不同的数据集来独立训练,模型一旦训练完成,只适用于这种任务,而不能用于处理其他任务。所以,可以说这种 AI 的算法和训练方法是通用的,而它训练出来用于执行某个任务的模型是不通用的。第二层级的目标是让训练出来的模型可以同时处理多种任务,就像人一样可以既会下棋,又会翻译,还会驾驶汽车和做饭。这个目标更加困难,目前还没有哪一个算法可以如此全能。

通用 AI 芯片就是能够支持和加速通用 AI 计算的芯片。通用 AI 的研究者希望通过一个通用的数学模型,能够最大限度地概括智能的本质。目前比较主流的看法是系统能够具有通用效用最大化能力:即系统拥有通用归纳能力,能够逼近任意可逼近的模式,并能利用所识别到的模式取得一个效用函数的最大化效益。这是很学术化的语言,如果通俗地说,就是让系统通过学习和训练，能够准确高效地处理任意智能主体能够处理的任务。通用 AI 的难点主要有通用性（包括算法和架构）和实现复杂程度。当前，摩尔定律的逐渐失效和冯·诺依曼架构的瓶颈这两个巨大的技术挑战也是通用 AI 芯片需要考虑的问题。想要解决这两个问题，仅通过芯片的设计理念和架构创新是行不通的，还需要取决于更先进的制程工艺、新型半导体材料、新型存储器件以及人类对于自身大脑更进一步的认知。

2. AI 芯片面临的机遇与挑战

目前全球人工智能产业还处在高速变化发展中，广泛的行业分布为人工智能的应用提供了广阔的市场前景，快速迭代的算法推动人工智能技术快速走向商用，AI 芯片是算法实现的硬件基础，也是未来人工智能时代的战略制高点，但由于目前的 AI 算法往往都各具优劣，只有给它们设定一个合适的场景才能最好地发挥其作用，因此，确定应用领域就成为发展 AI 芯片的重要前提。但遗憾的是，当前尚不存在适应多种应用的通用算法，人工智能的"杀手"级应用还未出现，已经存在的一些应用对于消费者的日常生活来说也非刚需，因此哪家芯片公司能够抓住市场痛点，最先实现应用落地，就可以在人工智能芯片的赛道上取得较大优势。

架构创新是 AI 芯片面临的一个不可回避的课题。需要回答一个重要问题：是否会出现像通用 CPU 那样独立存在的 AI 处理器？如果存在的话，它的架构是怎样的？如果不存在，目前以满足特定应用为主要目标的 AI 芯片就一定只能以 IP 核的方式存在，最终被各种各样的 SoC(System-on-a-Chip)所集成。另外，芯片的体积和功耗是必须要考虑的重要因素，传统芯片公司在 SoC 的设计优化和工程实现上无疑比以算法起家的初创 AI 芯片公司更具经验。

2.7 课后习题

1. 简述物联网的架构以及每一层包含的技术。
2. 简述 Hadoop 架构常用组件的功能。
3. 简述数据挖掘的主要作用。

第3章

智能产品市场调研

想扩大智能产品的市场,一定要把握智能市场的命脉,了解智能市场的需求。这就要求必须做好市场调研。市场调研主要包括制定调研方案、设计调研问卷、调研过程实施、调研成果评价等环节,本章将主要讨论这些环节的具体内容。

3.1 制定调研方案

3.1.1 市场调研内容

智能产品市场调研,是指企业运用科学的方法和手段,按照自身战略目标,有目的、有计划地收集、整理、分析和判断有关企业发展和市场营销方面的信息,了解智能产品市场的现状及其发展趋势,为市场预测和企业决策提供依据的一系列调查研究活动过程。市场调研主要流程如图3-1所示。

图3-1 市场调研主要流程

一般的智能产品市场调研内容主要分为外部环境调研和内部因素调研,如图3-2所示。

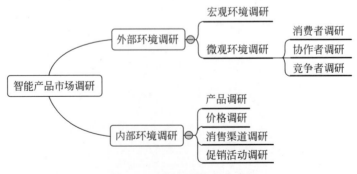

图3-2 市场调研主要内容

1. 外部环境调研

外部环境调研又可以分为智能产品企业的宏观环境调研和微观环境调研。

宏观环境调研是指全面间接地影响智能产品企业发展的外部因素，主要包括政治环境、经济环境、社会文化环境、科技环境和自然地理环境等，具体表现为消费者的购买力水平、经济结构、科学发展态、国家政策等。2017年8月，国务院正式印发《关于进一步扩大和升级信息消费持续释放内需潜力的指导意见》，其中指出要重点发展面向消费升级的中高端移动通信终端、可穿戴设备、数字家庭产品等新型信息产品，以及虚拟现实、增强现实、智能网联汽车、智能服务机器人等前沿信息产品。

微观环境调研包括与智能产品相关的消费者、协作者和竞争者调研。消费者调研主要包括消费者需求量、消费者收入、消费结构、消费者行为等内容；协作者调研包括企业自身产品链的上线和下线企业的生产经营状况调研；竞争者调研主要包括对竞争企业的调研和分析，了解同类企业的智能产品、价格、竞争手段和策略等方面的情况，从而帮助企业制定自身的竞争策略。

2. 内部因素调研

内部因素调研主要包括智能产品、价格、销售渠道和促销活动等企业自身营销因素的调研。智能产品调研主要了解智能产品开发设计、消费者使用、消费者评价、智能产品生命周期、智能产品组合等情况；价格调研主要了解消费者对价格的接受情况，对价格策略的反应等；销售渠道调研主要了解其结构、中间商的情况、消费者对中间商的满意情况等；促销活动调研主要包括对各种促销活动的效果进行调研。

3.1.2 做好调研准备

在正式调研之前，需要做3个准备工作：确定调研目标、界定调研问题、形成调研建设。

1. 确定调研目标

市场调研目标一般可分为描述性目标、探索性目标、因果性目标等，如图3-3所示。

（1）描述性目标是指通过调查，如实记录和描述客观实际情况的营销调查目标。如对用户态度和行为的调查描述，对营销广告投放效果的市场监测等。

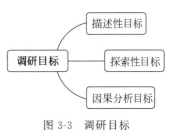

图3-3 调研目标

（2）探索性目标是了解企业需要调查的问题是什么，或者在知道问题的情况下了解问题是如何产生的，或者了解问题的本质是什么。例如依据当前智能家居产品的市场规模较小的情况可提出"如何提高智能家居产品在国内的市场规模"这样的调研目标。

（3）因果分析目标是指为了测试"假设因果关系"正确时的营销目标。如在增加广告成本10%情况下，能否使销量增加10%。

2. 界定调研问题

调研目标确定以后需要被分解为具体的调研问题，明确管理者所需要的信息内容。例如，调研目标是"如何提高智能家居产品在国内的市场规模"，那么相应的问题可能如下所述。

(1) 了解制约智能家居产品扩大市场规模的原因。
(2) 分析传统零售市场在扩大智能家居产品市场规模中起到的作用。
(3) 寻找消费者对智能家居产品的主要顾虑所在。
(4) 明确消费者对于智能家居产品的功能需求等。

3. 形成调研假设

调研问题确定之后,应针对实际可能发生的情况形成适当的调研假设。形成的作用是使调研目标更加明确,假设的接受和拒绝都会达到调研的目的。例如:寻找消费者对智能家居产品的主要顾虑所在,可以假设消费者的购买行为受智能产品质量的影响很大,或假设消费者对于智能家居产品的功能有特殊需求。

3.1.3 方案总体设计

市场调研方案是保证市场调研工作顺利进行的指导性文件,它是调研活动各种主要工作的概述。调研方案中应明确以下各项内容。

(1) 确定市场调研的主题和目的:在方案设计中,确定调研主题是至关重要的,只有确定了调研主题,才能进一步确定调研的范围、内容和方法,否则就会列入一些无关紧要的调研项目,漏掉一些重要的调研项目。所以说,确定调研目的就是明确在调研中要解决哪些问题,通过调研要取得什么样的资料,这些资料有什么用途。

(2) 确定调研对象和调研单位:明确了调研目的之后,就要确定调研对象和调研单位。这主要是为了解决向谁调研和由谁来提供具体资料的问题。调研对象就是根据调研目的来确定调研的范围及所要调研的主体,调研单位即调研对象中的各个具体单位,它是调研中登记的各个调研项目的承担者。

(3) 确定调研和收集资料的方法:在调研方案中,还要规定采用什么样的组织方式和方法取得调研资料。搜集调研资料的方式有普查、重点调查、典型调查、抽样调查等。具体调研方法有询问法、观察法和实验法等。

(4) 明确调研时间进度安排:调研时间是指调研资料所属的时间,如果所要调研的是时段现象,就要明确规定资料是从何时起到何时止的资料。如果所要调研的是时点现象,就要明确规定统一的标准调查时间点。除调研时间外,还需要明确调研工作的开始时间和结束时间,也包括各个阶段的起始时间,目的是使调研工作能及时开展、按时完成。

(5) 估算市场调研的费用:调研费用因调研项目及调研方式方法的不同而异,合理的费用开支是保证调研活动顺利进行的重要条件。

3.2 设计调研问卷

3.2.1 调研问卷的结构和内容

一份完整的调研问卷通常包括问卷说明、被访者个人资料、调研的主题内容、结束语等。具体内容如下。

(1) 问卷说明旨在向被访者说明调研的目的、意义、内容、时限等。问卷说明一般放在问卷开头,采取简短、谦逊的表达方式。

(2) 被访者个人资料是指被访者的一些主要特征,如姓名、职务、电话、公司名称、公司地址、邮编、Email等,这些项目便于对调研数据进行统计、分类、分析。

(3) 调研的主题内容是调研者希望了解的基本内容,也是问卷的核心组成部分。主要以提问的方式将其提供给被访者,包括开放式问题、封闭式问题和量表式问题(三种问题将在3.2.2中详细介绍)。这部分内容设计得好坏直接影响整个调研的价值。

(4) 结束语一般放在问卷的后面,用于向被访者表示诚恳的感谢。另外,还可以采用开放式问题的方式,向被访者征询意见和建议。

3.2.2 选择不同类型的问题设计调研问卷

(1) 开放式问题:开放式问题是一种被访者可以用自己的语言来回答的问题类型。如"你对本公司产品的意见或建议"。开放式问题可以获得被访者更丰富、详细的信息,但进行编码分析时比较费时费力。

(2) 封闭式问题:封闭式问题是一种被访者从一系列答案中做出选择的问题类型,分为单项选择题和多项选择题。

(3) 量表式问题。所谓量表,就是通过一套事先拟定的用语、符号和数目,来测定人们心理活动的度量工具。量表的种类很多,其中里克特量表在问卷设计中应用非常广泛,通常是从低到高分为五个阶段,如图3-4所示。

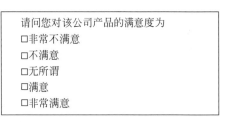

图3-4 量表式问题

3.2.3 合理排列问题的顺序

问卷的排序一般先易后难,先问简易性的问题,再问复杂性的问题,把需要思考的问题放在问卷中间,敏感性的问题放在问卷的最后。也可把能引起被访者兴趣的问题放在前面,枯燥的问题放在后面;还可以将封闭式问题放在前面,开放式问题放在后面等。

3.2.4 修改调研问卷

将设计出来的调研问卷草样,在小范围内做初步测试;并将测试结果逐一讨论,以发现问卷设计中存在的问题。根据初步测试的结果,对调研问卷做必要的修改,最后拟定正式的调研问卷。

此外,还应注意以下几个问题。

(1) 问卷的问题不宜过多,否则会引起被访者的厌烦。

(2) 问卷中如果涉及个人资料,应该有隐私保护说明。

(3) 问卷的设置还应考虑数据统计和分析是否容易录入等因素。

3.2.5 调研问卷举例

图3-5给出了一个具体的调研问卷样例。

小米智能家居市场调查问卷

尊敬的先生/女士

您好!

感谢您在百忙之中支持我们的问卷调研工作。本调查旨在了解消费者对小米智能家居及相关产品的看法和购买意愿。本次调查是匿名操作,不会泄露您的隐私。真诚地感谢您的配合,谢谢!

1. 您的性别?
   ○男 ○女
2. 您的年龄是?
   ○19岁以下 ○20~29岁 ○30~39岁 ○40~49岁 ○50岁及以上
3. 您了解智能家居的概念吗?
   ○了解 ○不太了解 ○完全不知道
4. 您是否使用过小米相关的智能家居产品?
   ○用过 ○没有用过
5. 您通过什么渠道了解小米智能家居产品?(多选)
   ○杂志、报纸 ○电视广告 ○网络宣传 ○线下门店宣传 ○他人推荐 ○其他
6. 您是否有兴趣购买小米智能家居产品?
   ○是的,很有兴趣 ○有兴趣,但暂无打算 ○没有兴趣
7. 您能接受的小米智能家居产品的价格是多少?
   ○500元以下 ○500~1500元 ○1500~3500元 ○3500元以上
8. 哪些小米智能家居产品吸引你?(多选)
   ○对讲系统 ○报警系统 ○电器控制系统 ○音乐系统 ○灯光系统 ○遥控窗帘 ○其他
9. 您认为小米智能家居目前处于什么发展阶段?
   ○普及阶段 ○初级阶段 ○高速发展阶段 ○炒作阶段
10. 您认为现在家电的人性化程度高吗?
    ○很高 ○较高 ○一般 ○低下
11. 您选择智能家居更看重哪方面?(多选)
    ○外观设计 ○产品性能、质量 ○产品价格 ○产品品牌 ○售后服务
12. 您通常购买智能家居产品的途径是?
    ○网上购买 ○实体店体验后购买

图 3-5 调研问卷样例

3.3 调研过程实施

3.3.1 分析可用的资源

在确定调研目标之后,开展有效的调研是一个非常关键的工作。如不能获得准确的信息,各种误判的情报可能会导致企业营销活动的失败或付出较高的成本。按照情报来源的方式,可将其分为二手信息和原始资料信息。

1. 二手信息

二手信息是指经过别人采集、整理过的资料信息。主要来源于企业组织内部,一般都是经过处理后向公众公布的。具体来源主要包括:以纸媒为信息载体的资料信息;以计算机和互联网为信息载体的数据库信息。

虽然计算机和互联网数据库给二手资料信息的采集提供了广阔的空间和便利,但二手

资料信息往往并不能满足决策的需要。这是因为：第一，很多信息并不能通过案头调研得到；第二，即使能够得到，由于信息的时效性差，也无法作为当前决策的依据；第三，二手资料信息的质量和准确性无法有效鉴别，导致不能完全作为决策的依据。

2．原始资料信息

原始资料信息是指调研人员通过发放问卷、进行访谈、开展观察或进行市场实验等方式采集第一手资料信息。

为使决策者能够及时、准确地获取到足够的信息，调研人员必须尽可能多地通过实地调研，采集原始资料信息。

3.3.2 选择市场调研方式

市场调研方式包括询问法、观察法和实验法，如图 3-6 所示。

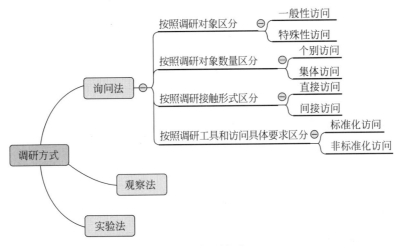

图 3-6 调研方式

1．询问法

询问法是营销调研时最常用的采集原始资料的方法，即调研者通过与被调研对象接触来了解事实、观念以及态度。询问法最适宜于采集描述性信息。询问法又包含以下具体的方法。

（1）依据调研对象，询问法包括一般性访问（如访问对象为普通消费者）和特殊性访问（如访问对象为专业人士）。

（2）依据调研对象数量，询问法包括个别访问（如每次访问一个被访者）和集体访问（如焦点小组座谈会）。

（3）依据调研接触形式，询问法包括直接访问（如入户访问、商城拦截访问等）和间接访问（如电话访问）。

（4）依据调研工具和访问具体要求，询问法包括标准化访问（访问工具为标准化问卷）和非标准化访问（例如给定话题的自由访谈）。

2．观察法

观察法是指通过观察有关人员行为及现场情况来采集原始资料信息。采用观察法主要是为了获得那些被观察者不愿或不能提供的信息。如调研人员在超市中观察本企业产品的陈列位置,消费者购买同类产品的品牌选择,本企业产品的购买情况等。

3. 实验法

实验法是指调研者选择一个或多个变量(如价格、广告主题、广告费用、包装设计等)观察这些变量对其他变量(通常是销量)的影响。实验法最适应于采集因果关系方面的信息。如调研广告对销售的影响,在其他因素不变的情况下,通过对比广告投放前后销售量的变化,就可以测量出广告的效果。

3.3.3 选择市场调研技术

在市场调研中,往往采取抽样调研,即从调研对象中抽取一部分子样本进行调研,然后推算总体状况。抽样调研较普遍,调研省钱、省力、省时间,又可把调研对象集中在少数样本上,并获得与总体调研相符合的结果,所以在市场调研中应用较为广泛。抽样又可以分为随机抽样和非随机抽样,如图3-7所示。

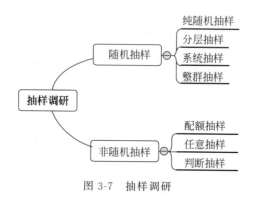

图 3-7 抽样调研

1. 随机抽样

随机抽样方又可以分为纯随机抽样、分层抽样、系统抽样、整群抽样。

(1)纯随机抽样将调查对象总体进行编号,再用抽签法或随机数字表随机抽取部分观察数据组成样本。纯随机抽样法又分为有放回和无放回抽样,可以回想高中数据中的内容。纯随机抽样常用于压缩数据量以减少费用和时间开销。

(2)分层抽样先将调查对象总体按照某种特征划分成若干类型或层次,然后在各个类型或层次中采用简单随机抽样或系统抽样(详见下)的办法抽取一个子样本,最后,将这些子样本合起来构成总体的样本。分层抽样常用于离网预警模型或者金融欺诈预测模型等严重有偏数据("严重有偏"是指样本类别数量明显不同,例如对一个银行用户欺诈行为进行分类,无欺诈用户数量远远多于有欺诈用户数量,这就是典型的"严重有偏")。

(3)系统抽样又称为等距抽样,将调查对象总体进行编号,首先设定抽样间距为n,然后在前n个数据中抽取初始数据,再按顺序每隔n个单位选取一个数据组成样本数据。

(4)整群抽样将全体数据拆分成若干个互不交叉、互不重复的群,每个群内的数据应尽可能具有不同属性,尽量能代表整体数据的情况,然后以群为单位进行抽样。

2. 非随机抽样

非随机抽样的常用方法有配额抽样、任意抽样、判断抽样等,因篇幅原因不一一列举,感兴趣的朋友可以自行研究。

3.3.4 实施调研方案

在具体的调研过程中,可采取日本戴明环管理的 PDCA 循环进行调研,如图 3-8 所示。P 指"计划",这在上一步已经完成;D 指"执行",是指按照计划开展各项调研实施工作;C 指"检查",在调研过程中,应随时检查调研工作的任务、效果、时限等实施情况;A 指"改进",根据检查情况及时调整、改进,不断总结经验和教训,提高调研效果。

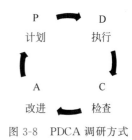

图 3-8 PDCA 调研方式

3.4 调研成果评价

3.4.1 数据整理

在完成数据采集工作之后,得到的部分数据可能是凌乱的,甚至是残缺不全的,所以在进行数据分析之前,必须对数据进行适当的审核、检验、编辑或清理。数据整理一般包含以下几个步骤。

1. 问卷审核

问卷审核就是检查问卷是否有效,包括问卷填写是否真实准确、内容是否完整、数据是否按照指定的方式搜集等。通常,回收的问卷可能出现以下几种问题。

(1) 问卷填写不完整,出现"项目无回答"。

(2) 受访者没有按照指定方式进行回答,如没有按照跳答规则进行答题。

(3) 受访者不符合要求,没有按照年龄、职业等特征进行过滤。

(4) 受访者回答问题区分度不明显,如所有调查结果都是"一般"。

当问卷检查出现以上问题时,应根据预先设定的方式或规则,对有问题的问卷进行处理或补救,这个过程称为问卷的编辑,目的是筛选出问卷中看不清楚、不完整、不一致或模棱两可的答案。对不合格问卷的处理可以根据情况采用以下几种办法。

(1) 返回现场调查。现场返工,由访问员重新与受访者取得联系,针对不清楚的问题重新进行访问。

(2) 填充。面对缺失数据时,可以采用以下方法进行处理:第一,找一个"数学数值"代替,如该列的平均值、中位数等。若遇到性别等类别型变量,可以将第一个缺失值用男性数值代替,第二个缺失值用女性数值代替,依次交替替代。第二,用一个逻辑答案代替,如家庭总收入缺失,可以依据家庭中的就业人数及职业情况判断或根据某个公式进行计算。第三,删除处理,当有缺失值的样本数小于总样本数的 10% 时可以考虑直接删除。第四,通过数据挖掘等手段预测缺失值,该方法需要对数据挖掘和机器学习等技术有一定了解。

2. 问卷编码

问卷审核合格之后,就要考虑对问卷进行编码,即为每一个问题的每种可能的答案分配一个"代码",通常是一个数字。例如,针对一个 5 级量表,答案是"非常满意""满意""一般""不满意""非常不满意",可以分别用"5""4""3""2""1"进行编码;如果针对受访者的性别,可以用"1"和"0"分别代表"男"和"女"。

注意，在普通数据分析过程中，将各种结果通过数字编码是可行的。但是如果要对问卷进行数据挖掘，那就不能仅仅使用数字编码，因为数字本身是有大小的，例如 1 代表男人、0 代表女人，但在数字层面 1 比 0 大，而实际层面并不能说"男人"比"女人"大，这就会造成数据挖掘时的不准确。感兴趣的朋友可以研究一下 one-hot 等编码方式。

按照编码设定的时间，可以将编码分为预先编码与事后编码。预先编码适合结构性问题，前面提到的将"非常满意""满意""一般""不满意""非常不满意"编码为"5""4""3""2""1"就属于结构性问题，是典型的预先编码，编码工作一般在问卷设计时就已经完成。但对于非结构化问题，由于答案无法预知，编码工作只能放在问卷回收之后了。例如对于"今后两年内您为什么不想购买燃气热水器？"这一问题，调研人员收集到以下回答。

（1）我可在单位洗澡，没必要买。
（2）外观不好看，影响卫生间布局。
（3）颜色不好，价格又贵。
（4）听说使用有安全隐患。
（5）体积太大，厨房里不好安装。
（6）国产热水器使用不方便。
（7）我不太了解。
（8）安装和维修都比较麻烦。
（9）我不喜欢它的外观，颜色也太单调。

这么多的回答，如果不进行归类处理，就不好去分析。所以，应先将一些意思相近的答案归到某一类中，再从中分析不买的主要原因，如图 3-9 所示。

回答类别描述	答案归类	分配的数字编码
体积大，外观、颜色差	2，3，5，9	1
价格贵	3	2
使用不方便	6，8	3
使用不安全	4	4
没需求	1	5
不知道	7	6

图 3-9 对问卷结果进行归类之后进行编码

3. 数据录入

如果市场调研采用的是纸质问卷，需要将问卷的回收信息录入电子文件中，最常用的文件格式是 Excel 或者 csv，也可以使用其他的数据文件，如 SPSS 文件或 SASS 文件等。

数据录入完毕后还要进行必要的数据清理，主要是检查数据中是否存在逻辑错误，并再次检查是否存在答案的遗漏现象等。借助于计算机，这项工作非常简单。

4. 数据展示

在取得大量反映个体情况的原始数据后，对这些原始数据进行科学的分类、汇总整理，就可以得到反映总体综合情况的统计数据。这些数据必须通过有效的方式得以显示，其主要表现形式是统计表和统计图。

用表格的形式来表达数据，比用文字表达更清晰、更简明、更便于显示数字之间的关系，有利于进行比较和分析研究。例如图 3-10 所示为居住时间对商场的熟悉程度的分布表。

单位：人

熟悉程度	居住时间			合计
	13年以下	13~30年	30年以上	
不熟悉	45	34	55	134
熟悉	52	53	27	132
合计	97	87	82	266

图 3-10　常用数据表

统计图是统计资料的另一种常用的表现形式。用图形形式来反映统计资料，从视觉角度来说，具有简洁具体、形象生动和直观易懂的特点，能给人留下深刻的印象，一般能取得较好的效果。当然，统计图只是描述和揭示统计数据特征的有效方法之一，并不能代替统计分析。常用的统计图类型主要包括条形图、折线图以及饼形图，具体如图 3-11 所示。

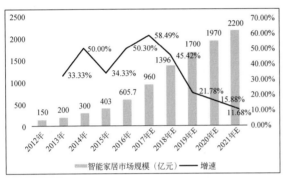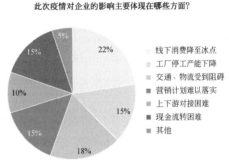

图 3-11　常用数据图

作为一名优秀的智能产品设计人员或营销服务人员，熟练使用 Excel 是必修课。除了基本的"向格里输入数据"外，还需要能够熟练使用 Excel 进行常用数据统计、筛选、分列、补全等操作，熟练绘制饼图、柱状图、折线图、雷达图等，运用函数进行稍复杂计算（如 sumif、vlookup 等），并能适当使用数据透视表。请务必对 Excel 高度重视。

如果能使用 Python 等语言对 Excel、csv 等数据进行处理，将会提高工作效率。

3.4.2　数据分析

1. 定性分析

任何事物都有质的属性和量的属性两个方面，市场也不例外。"定性"，顾名思义，就是确定研究对象是否具有某种性质的一种分析方法，主要解决"有没有""是不是"的问题。定性分析主要包含以下方法。

（1）对比分析将被比较的事物和现象进行对比，找出异同点，从而分清事物和现象的特征及其相互联系。

（2）推理分析由一般性的前提推导出个别性的结论。

（3）归纳分析由具体、个别或特殊的事例推导出一般性规律及特征。

其中，归纳分析法是市场调查分析中应用得最广泛的一种方法，具体可以分为完全归纳、简单枚举和科学归纳三种形式。

(1)完全归纳。即根据调查问题中每个对象的某种特征属性,概括出该类问题的全部对象整体所拥有的本质属性。这种方法要求分析者准确掌握某类问题全部对象的具体数量,而且还要调查每个对象,了解它们是否具有所调查的特征。但在实际应用中,调查者往往很难满足这些条件,因此,其使用范围受到一定的限制。

(2)简单枚举。即根据目前调查某类问题时,根据一些对象具有的特征,来归纳出该类问题整体所具有的特征。这种方法是建立在市场调查人员丰富的经验基础上的,操作简单易行。但简单枚举法的归纳可能会出现偶然性,要提高结论的可靠性,被考察的对象就应该尽量多选一些。

(3)科学归纳。即根据某类问题中的部分对象与某种特征之间的必然联系,归纳出该类问题中所有对象都拥有的这种特征。这种方法应用起来很复杂,但很科学。可以回想高中时学过的数学归纳法。

2. 定量分析

定量分析是指从事物数量方面的特征入手,运用一定的数据处理技术进行数量分析,从而挖掘出数量中所具有的事物本身的特性及其规律性的分析方法。定量分析要从如下几个方面进行考量。

(1)集中趋势是指一组数据向某一中心值靠拢的程度,它反映了一组数据中心点的位置所在。集中趋势的测量就是寻找数据水平的代表值或中心值,常用的指标有众数、中位数和均值。

(2)离散趋势是指一组数据远离其中心值的程度,反映一组数据分布的分散程度,常用的指标有极差、方差和标准差。

(3)频数分析考察一组数据中不同数值出现的频数,或者数据落入指定区域内的频数,可以了解数据的分布状况。通过频数分析,研究人员在得到描述性统计结果的同时,还能了解变量取值的分布情况。

(4)数据的分布,在统计分析中,通常要假设样本的分布属于正态分布,因此需要用偏度和峰度两个指标来检查样本是否符合正态分布。关于正态分布和其他分布方式的理论知识,感兴趣的朋友可以研究一下概率与数理统计的相关内容。

(5)主成分分析是将原来变量重新组合成一组新的互相无关的"综合变量",例如原样本有10个变量,经过主成分分析,变成了5个变量,这5个变量能最大化地保持原来10个变量所承载的信息,这也是数学上处理"降维"的一种方法,即减少指标变量的个数。

(6)因子分析是把若干个变量看成由某些公共的因素所制约,并把这些公共因素分解出来的分析方法,作用是寻找潜在的影响。

(7)聚类分析是将物理或抽象对象的集合分组成为由类似的对象组成的多个类,再针对这些类进行分析。聚类分析的目的是在相似的基础上收集数据来分类。

(8)判别分析是在分类确定的条件下,根据某一研究对象的各种特征值,判别其类型归属问题的一种多变量统计分析方法。

3.4.3 撰写调研报告

调研报告是市场调研活动的直接结果,其目的是把获得的市场信息传递给决策者和领导者。尽管报告的格式会因为项目和读者的不同而有所差异,但调研报告要把市场信息传递给决策者的功能和要求是不会改变的。因此,在长期的商务实践中逐渐形成了调研报告的常规格式,一般可以分成前言、正文和结尾三大部分。

1. 前言

市场调研报告前言主要包括题目、目录、摘要。

(1) 题目包括市场调研标题、报告日期、委托方和调研方,一般应打印在扉页上。被调研单位、调研内容一般通过标题明确、具体地表示出来。有的还采用正、副标题的形式,正标题表达调研的主题,副标题标明调研的单位和问题。正、副标题分为两行表示。

(2) 如果调研报告页数较多,为了阅读方便,应当采用目录形式列出报告的主要章节,并标注页码。一般来说,目录的篇幅不宜超过一页。

(3) 摘要主要阐述调研任务的基本情况,它是按照市场调研任务的顺序进行描述的。摘要应该尽可能用精确、简练的文字,表述调研的对象、调研的范围、采用的调研方法以及调研的结论与建议。

2. 主体

调研报告的主体部分是调研报告的正文,也是调研报告中最重要的部分,一般包括调研目的、调研目标、调研方法、调研内容、综合分析、调研结论及建议等。

(1) 通过对调研目的的陈述,使阅读者对调研报告的整体框架有所了解。除了调研目的,还应给出调研的原因和背景信息。

(2) 根据调研对象和业务要求来确定调研目标,确定需要进行调研的产品、程序、环境等具体要素列表以及每个要素的调研要求。对于牵涉数据的调研要素,应明确量化指标。

(3) 根据调研目的、调研目标,确定需要采用的调研方法。调研方法有很多,为了达到最佳调研效果,往往可以采用两种以上的调研方法来收集市场信息。

(4) 调研内容是根据调研目标,立足自身掌握的资源,确定具体采取的调研形式和手段以及具体的调研路径。即针对调研目标,组合哪些资源,采取何种调研形式和手段,按照怎样的时间顺序开展调研工作,并形成调研路径图。

(5) 综合分析是将调研收集来的资料进行汇总、整理、统计并加以分析。可以通过统计软件处理统计数据而获得分析数据。

(6) 对资料中的各项数据和事实进行比较分析,得出调研结论。调研结论应以陈述形式进行表述,并配以相关的表格、图表等,以便对调研结论做进一步的阐述。建议是针对调研获得的结论,提出可以采取哪些措施、方案或具体行动步骤。所提建议要注意针对性和可行性,能够切实解决问题。

3. 结尾

结尾(附录)用于呈现与正文相关的资料,它是对正文报告的补充或更详尽的说明,以备读者参考。在附录中常出现的资料种类一般包括原始资料的来源、调研问卷、抽样说明、各类统计图表等。每个附录都应有编号。

3.5 课后习题

1. 请简述市场调研时采用的各种抽样方法。
2. 请简述调研报告中应包括的主要内容。

第4章 市场分析

市场调研结束之后,需要对市场进行分析。只有对市场做出准确的分析,才能把握未来产品应有的动向。

4.1 市场环境分析

4.1.1 微观环境

企业的微观环境是指与企业紧密相关,直接影响其营销能力的各种因素,主要指那些与企业有双向运作关系的个体、集团和组织,而且在一定程度上是可以控制并可以对其施加影响的,包括与组织直接相关的重要利益集团。如图4-1显示了一个企业典型的微观环境。

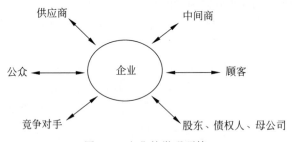

图 4-1 企业的微观环境

1. 供应商

供应商是影响企业营销的微观环境的重要因素之一。供应商是向企业及其竞争者提供生产产品和服务所需资源的企业或个人。供应商在顾客价值传递系统中起着重要作用,因为它提供了企业生产所需的各种资源。供应商对企业营销活动的影响主要表现在以下几方面。

(1) 供货的稳定性与及时性。
(2) 供货的价格变动。

(3) 供货的质量水平。

2．中间商

中间商是把产品从生产领域转向消费领域的环节或渠道,主要包括批发商和零售商两大类。中间商对企业营销的重要作用表现在以下几方面。

(1) 优秀的中间商在运输、库存管理、市场知识、售后服务等方面具有明显的优势,对产品的供货能力、供货及时性、价格及服务等起着至关重要的作用。

(2) 企业的营销推广人员不仅要掌握最终的消费顾客特征,也需要了解将产品送至最终顾客处的中间商,与中间商保持顺畅的沟通。

(3) 中间商所处地位特殊,有一定的经济杠杆作用,有时中间商的权力会非常大。

3．竞争对手

只要存在商品生产和商品交换,就必然存在竞争。每个企业都处在不同的竞争环境中,企业的营销活动必然会受到不同竞争对手的影响。因此,企业必须清楚把握竞争对手的竞争目标与竞争策略,力求知己知彼,这样才能取得市场竞争优势。

4．公众

公众是指对组织实现其目标的能力具有实际或潜在影响的任何群体。菲利普·科特勒绘出了对企业营销具有重要意义的七种公众类型,如图4-2所示。

5．顾客

顾客是公司微观环境中最为重要的因素。可以说,整个企业价值传递系统的最终目标就是服务目标顾客并与之建立较为可靠的关系。常见的顾客类型包括图4-3所示的几种。

图4-2　七种公众类型

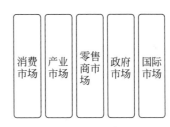

图4-3　顾客类型

6．企业内部环境

企业内部环境是指企业内部的物质、文化环境的总和,包括企业资源、企业能力、企业文化等因素,也称企业内部条件。即组织内部的一种共享价值体系,包括企业的指导思想、经营理念和工作作风等。

4.1.2　宏观环境

(1) 人口统计是关于人口趋势的研究,主要关注点有人口的规模、结构、组成和特征,对市场营销有很重要的作用。可以说,人口环境是市场的第一要素。人口数量直接决定市场规模和潜在容量,人口的性别、年龄、民族、婚姻状况、职业、居住分布等也对市场格局产生着深刻影响,从而影响着企业的营销活动。

(2) 经济环境由影响消费者购买力和消费方式的因素构成,例如消费者的收入水平、消费结构、经济增长预期、商业周期、产业发展规模等,其中收入水平和消费结构对企业营销活动影响较大,具体如图 4-4 所示。其中,恩格尔系数＝食品支出金额/家庭消费支出总金额。

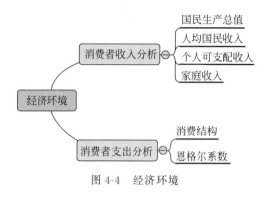

图 4-4　经济环境

(3) 自然环境是营销人员所需投入的自然资源或受到营销活动影响的自然资源。随着人类社会进步和科学技术发展,世界各国都加速了工业化进程。这一方面创造了丰富的物质财富,满足了人们日益增长的需求;另一方面,也产生了资源短缺、环境污染等问题,市场人员需要注意到自然环境发展趋势。

(4) 技术环境是社会生产力中最活跃的因素,它影响着人类社会的历史进程和社会生活的方方面面,对企业营销活动的影响更是显而易见。科技环境不仅直接影响企业内部的生产与经营,还同时与其他环境因素互相依赖、相互作用。

(5) 政治环境引导着企业营销活动的方向,法律环境则为企业规定经营活动的行为准则。政治与法律相互联系,共同对企业的市场营销活动产生影响和发挥作用。

(6) 文化环境由影响社会的基本价值观、观念、偏好和行为的风俗习惯及其他因素构成。社会文化主要指一个国家、地区的民族特征、价值观念、生活方式、风俗习惯、宗教信仰、伦理道德、教育水平、语言文字等。任何企业都处于一定的社会文化环境中,企业营销活动必然受到所在社会文化环境的影响和制约。

4.1.3　营销环境分析方法

1. SWOT 分析法

SWOT 分析法来自麦肯锡咨询公司,常帮助企业在战略选择过程中进行环境分析。通过梳理分析企业的优势(Strengths)、劣势(Weaknesses)、机会(Opportunities)和威胁(Threats),将企业的相关战略与企业内部资源、外部环境有机地结合起来。如图 4-5 所示,SWOT 分析主要着眼于企业自身的实力及其与竞争对手的比较,而机会和威胁分析将注意力放在外部环境的变化及对企业的可能影响上。

2. 波特五力分析法

只有那些比竞争对手更成功地为顾客创造价值的企业才能更好地获利。迈克尔·波特研究了企业需要面对的行业竞争,并提出了五力竞争模型。营销人员若想开拓市场并从中获利就必须理解所处的竞争环境并想办法从中脱颖而出。五力竞争模型将大量不同的因素汇集在一个简单的模型中,以此分析一个产业的基本竞争态势。波特五力分析法如图 4-6 所示。

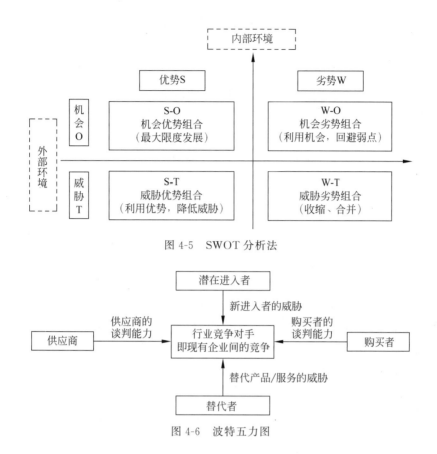

图 4-5 SWOT 分析法

图 4-6 波特五力图

4.2 市场细分

4.2.1 市场细分的含义

所谓市场细分,是指企业在市场调研的基础上,根据构成总体市场的不同顾客的需求特点、购买行为、习惯爱好等差异,将他们分为不同的顾客群体,其中每一个顾客群体就是一个细分市场。企业进行市场细分的目的是针对每个细分市场采取独特的市场营销战略和策略,以求获得最佳收益。

4.2.2 市场细分的意义

(1)可以更好地满足消费者的需求。市场是庞大的,消费者的需求也是复杂多样的,一个企业的生产不可能满足所有市场的需要。因此,把整个市场按照一定标准进行细分,从中认定一个或几个子市场作为企业的目标市场,并拟定进入这些目标市场的最优市场策略,这样可以使企业生产出更加适销对路的产品,从而更好地满足消费者的需求。

(2)有助于企业发现最佳的市场机会。企业运用市场细分理论来分析研究市场,不仅可以了解市场的总体情况,还可能发现整体市场中未被满足的需求或潜在的需求。对于某一企业来说,在市场供给看似已十分丰富,竞争者似乎占领了市场各个角落时,企业利用市场细分就有可能及时、准确地发现属于自己的市场机会。消费者的需求是没有穷尽的,总会存在尚未满足的需求。只要善于市场细分,总能找到市场需求的空隙。

(3) 有利于合理地运用企业资源,提高企业的竞争力。面对极其广阔的市场,任何企业都不可能囊括所有的需求,而只能满足其中十分有限的部分。通过市场细分,企业可以根据资源积累情况选择自己具有优势的细分市场作为目标市场,从而把有限的人力、物力资源集中在目标市场上,根据市场的特点来制定和调整营销策略,这样可以形成企业在目标市场上的竞争优势。

4.2.3 市场细分的标准

可以从消费者和生产者两个角度来看待市场细分。

1. 消费者市场的细分标准

(1) 人口因素即人口统计变量,主要包括年龄、婚姻、职业、性别、收入、家庭规模、受教育程度、家庭生命周期、国籍、民族、宗教信仰、社会阶层等因素。例如,按消费者性别可将市场细分为男性市场、女性市场;按消费者年龄可将市场细分为婴儿市场、儿童市场、少年市场、青年市场、中老年市场等;按消费者受教育程度的不同可将市场细分为大学、高中、初中、小学等;按消费者的不同职业可将市场细分为工人、农民、机关干部、教育工作者、文艺工作者、军人等。

(2) 按经济因素细分市场,主要考虑两个要素:一是消费者的个人收入;二是家庭人口的平均收入。消费者收入水平的高低,对其购买行为、购买习惯以及消费需求变化等都会产生一定程度的影响。例如,随着收入水平的提高,原来属于消费者理想中的需求会变为现实需求;过去没有消费过的商品会成为需求的对象;某些商品的消费量会大幅度提高;昔日要求商品耐穿耐用,现在则更注重花色、样式等。

(3) 心理因素是消费者的心理特征或性格特征,主要包括生活方式、个性、购买动机、价值观念、生活格调、追求的利益等。

(4) 地理因素即消费者所处的地理环境,主要包括国别、地区、城乡、气候、交通、人口密度、地形地貌等。地理因素所造成的消费者差异主要表现在需求不同、生活水平不同、生活环境不同、生活习俗不同等。

(5) 行为因素即消费者的行为特点,包括购买时机和频率、追求的利益、使用情况和消费者对品牌的忠诚度等。

2. 生产者市场的细分标准

(1) 最终用户。为不同最终用户提供产品的生产者,都会根据其最终用户的特点来制定不同的采购标准和计划。

(2) 顾客规模。不同规模的客户在产品质量、功能、价格、交易方式、交货时间等方面会有不同的需求。区分顾客规模的大小,一方面有利于企业有针对性地满足顾客的不同需求,另一方面有利于企业采取不同的客户管理和营销措施。

(3) 地理位置。不同的地理位置会造成某些地区在特产、气候、地形、风俗和历史等方面的差异,由此会进一步使这些地区的生产企业具有不同的生产力和产品特色。

4.2.4 市场细分的原则

市场细分原则如图 4-7 所示,要充分考虑可区分性、可衡量性、可进入性、可盈利性、稳定性。

图 4-7 市场细分原则

4.3 目标市场选择

市场细分之后,就要从中选择出目标市场。

4.3.1 选择市场时应考虑的因素

(1) 市场规模的大小是决定该市场是否能成为企业目标市场的一个重要参考因素,较小的市场规模对于大企业,不值得涉足,不利于企业能力的发挥;而太大的市场对于小企业,既会留下较大的市场空隙,使竞争者很容易进入,又容易引起企业自身资源的分散,很难在局部形成竞争优势。

(2) 市场增长潜力的大小关系到企业未来销售量和利润的增长,这对于有长远发展计划和目标的企业来说是十分重要的。但是,企业也应当看到,有发展潜力的市场通常竞争激烈,这又会减少企业的获利机会。因此,企业要尽可能选择那些有增长潜力,同时又有竞争优势的细分市场来作为目标市场。

(3) 市场吸引力的大小主要取决于市场能使企业长期获利的程度。决定市场是否具有吸引力的因素主要包括现实的竞争者、潜在的竞争者、替代产品、购买者和供应者。要综合考虑市场内激烈竞争的威胁、潜在竞争者的威胁、替代品的威胁、购买者讨价还价能力的威胁、供应商讨价还价能力的威胁等。

(4) 企业本身的目标和资源。有些市场虽然具有一定的吸引力,但如果进入这些细分市场会与企业的发展目标和目前拥有的资源不相符合,也只能选择放弃。

4.3.2 选择市场覆盖模式

用不同产品覆盖不同市场,主要有以下几种模式。

(1) 密集单一市场模式。如图 4-8 所示,密集单一市场指企业只选择一个细分市场作为目标市场,并只生产一种产品供应该目标市场。这种市场覆盖模式风险极大,无论是市场还是产品出了问题,都会使企业经营陷入困境。一般在企业刚开始建立时,由于资源十分有限,不得已采用这种市场覆盖模式。随着企业实力的增强,这种不利于经营安全的市场覆盖模式必然会被其他的市场覆盖模式所取代。

(2) 产品专业化模式。如图 4-9 所示,产品专业化指企业将所有细分市场作为目标市场,且只生产一种产品来供应所有目标市场。这种做法能够有效地帮助企业分散市场风险,有利于企业发挥生产、技术潜能,也可以扩大该产品在所有细分市场的影响力,帮助企业在整个市场上树立较高的声誉。相对而言,这种市场覆盖模式的主要风险来自产品方面,一旦产品出现问题,就会对企业的所有目标市场造成严重的影响,并导致企业经营陷入困境。这是企业发展过程中所采用的一种过渡型市场覆盖模式,随着企业实力的进一步增强,必然会选择更好的市场模式。

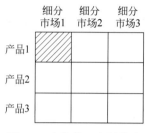
图 4-8　密集单一市场模式

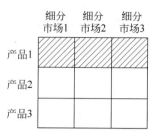
图 4-9　产品专业化模式

(3) 市场专业化模式。如图 4-10 所示，市场专业化指企业选择一个细分市场作为目标市场，并向该目标市场提供所需各种产品的市场覆盖模式。这里所说的各种产品，可以是一个产品大类中不同规格、不同款式的产品，也可以是不同大类的产品，这要视企业产品生产和供应能力而定。市场专业化覆盖模式也可以有效地降低企业的经营风险，其最大风险来自市场，如果出现市场疲软、消费者购买力下降等情况，企业的经营安全就会受到严重威胁。这也是一种企业在发展过程中所采用的过渡型市场覆盖模式。

(4) 选择性专业化模式。如图 4-11 所示，选择性专业化指企业有选择地进入多个细分市场，并为其提供不同产品的市场覆盖模式。实际上这是企业的一种多角化经营模式，它比市场专业化和产品专业化模式更能够有效地分散企业的经营风险，是一种成熟企业普遍选择和使用的、效果最佳的市场覆盖模式。

(5) 全面覆盖模式。如图 4-12 所示，全面覆盖指企业将所有细分市场均作为目标市场，并将所生产的各类不同产品都供应给所有目标市场的市场覆盖模式。严格来说，这只是理论上存在的一种市场覆盖模式，在现实市场上不会有企业这样去做的，或者说也根本没有企业有能力去这样做。其原因主要有两个方面：其一，产品的局限性。即并非企业的所有产品都适合进入全部细分市场。其二，管理能力的局限性。要使用这样一种市场覆盖模式，企业不仅要协调好各类产品在物资供应、设计、生产等方面的复杂关系，还要保证各类产品在众多目标市场上的销售、促销、物流、服务等活动不能出现任何问题。

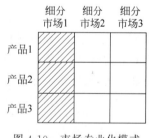
图 4-10　市场专业化模式

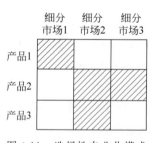
图 4-11　选择性专业化模式

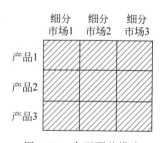
图 4-12　全面覆盖模式

4.4　市场定位的步骤

4.4.1　分析影响定位的因素

(1) 顾客的需要。目标市场顾客的需要是影响企业市场定位最主要、最根本的因素。

了解顾客需要的目的,一是要比较企业是否有能力适应顾客现有的和潜在的需要,二是要了解顾客达到满意的评价标准。客观地讲,要想让顾客达到绝对的满意是不可能的,因此,企业必须对顾客的评价标准按重要程度进行排序,力争使产品与服务定位在最重要的评价标准上去迎合顾客。

(2) 竞争者的定位状况。掌握目标市场上竞争者定位的主要目的,一方面是要了解竞争者定位成功的一面,竞争者定位成功的地方就是得到顾客认可的地方,企业可以借鉴或进行适当的改进,这样可以使企业很快赢得顾客,同时节约在市场调研方面的时间、精力和成本的支出;另一方面是要找出竞争者定位中存在的缺陷。

竞争者的定位缺陷一般分为两类:一是可以避免,但没意识到的缺陷,这种缺陷一般是不致命的,竞争者一旦发现会很快加以改正;二是无法避免的缺陷,这种缺陷大多是致命的,竞争者在短时内不能对其加以改正,如果企业能抓住竞争者的这类缺陷加以利用,有可能很快使竞争者在与企业的竞争中陷于被动。

(3) 本企业在目标市场的竞争优势。这里所说的竞争优势主要是指相对于竞争者而言的竞争优势,必须满足以下要求:能给目标顾客带来更高价值的利益;顾客有能力支付或无须为此优势增加额外的支出;竞争者不能够或很难复制和模仿;企业能够从这些优势中获利等。

4.4.2 定位设计

定位设计是市场定位工作的核心,主要包括以下内容:

(1) 产品定位,即确定产品在功能、质量、性能、款式、包装等方面的特性。虽然有许多顾客在购买商品时,会把价格、服务等作为评价和选择的主要因素,但前提是顾客必须认可企业的产品,因此,产品的定位应该说是所有定位工作的中心和基础。

(2) 成本定位,即合理地确定企业的目标成本。如果企业不能够有效地把成本控制在顾客所能接受的范围内,即使企业能够提供更好的产品和服务,也不一定会得到顾客的认可。成本过高不仅会导致产品或服务的价格超出顾客的支付能力,还会降低企业的利润率。但也不能一味地认为成本越低越好,因为成本降低的同时也必然伴随着产品和服务质量的降低,这同样是顾客所不能接受的。

(3) 促销定位,即确定有效的促销方式。促销定位时,首先要考虑选择顾客认可的促销方式。例如,在目前国内消费品市场上不宜采用上门推销的方式,这种促销方式一般不为中国的消费者所接受。其次,还要考虑促销的方式要与产品定位相吻合。例如,对于高档产品就不适宜采用降价促销的方式,这会使顾客对产品的品质产生疑虑。

(4) 服务定位,即确定服务的范围、档次、内容、特色等。进行服务定位时,一方面要考虑根据产品的特点来设定服务项目,例如对于安装和使用复杂的产品,要提供上门安装和培训的服务,而对于简单的产品,则没有必要增加这类服务;另一方面是要考虑服务的特色,例如服务人员的态度、服务的及时性和规范性等。

4.4.3 市场定位的分类

(1) 差异化定位,即努力显现企业某些方面的特点和与众不同的定位,如产品差异化、服务差异化、形象差异化等。

（2）初次定位与重新定位。初次定位是指企业在初次进入市场、新产品投入市场、老产品进入新市场等情况时，所进行的市场定位工作。重新定位也称再定位，它是指企业改变产品特色，或改变目标顾客后，使目标顾客对其新的形象和特点重新建立认知的过程。

（3）针对定位是指企业选择现有市场上占支配地位的竞争者，与其争夺同样的目标顾客。针对定位是一种"迎头痛击"定位方式，其目的就是与竞争者展开竞争。

（4）错位定位与针对定位相反，指企业在市场上避免与竞争者直接对抗，将其位置定于某处市场的空隙，以达到进入该市场的定位方式。

4.5 课后习题

1. 简述 SWOT 分析法。
2. 简述市场细分的意义。
3. 简述影响市场定位的因素。

第5章

产品设计工具

对市场有了清晰的判断和分析之后,为了更好地获得利益,需要开发迎合市场需求的产品。但设计产品绝不是"用嘴说给程序员听"这么简单,还需要有系统的方法和工具。本章将介绍产品设计最常使用的工具:思维导图、商务画布、BRD 和原型图。

5.1 思维导图

5.1.1 什么是思维导图

近几年,随着社会的发展与进步,工作效率成为一项重要的技能指标。思维导图(Mind Map)作为效率类的杰出工具,备受瞩目。思维导图的需求逐年攀升,并逐步成为一项主流工具,被大众所接受。

如图 5-1 所示,思维导图又名心智导图,是表达发散性思维的有效图形思维工具,它简单高效,是一种实用性的思维工具。

思维导图是一种图像式思维的工具以及一种利用图像式思考的辅助工具。思维导图是使用一个中央关键词或想法引起形象化构造和分类的想法。它用一个中央关键词或想法以辐射线形连接所有的代表字词、想法、任务或其他关联项目的图解方式,并通过运用图文并重的技巧,把各级主题的关系用相互隶属与相关的层级图表现出来,把主题关键词与图像、颜色等建立记忆链接。思维导图充分运用左右脑的机能,利用记忆、阅读、思维的规律,协助人们在科学与艺术、逻辑与想象之间平衡发展,从而开启人类大脑的无限潜能。

思维导图是一种将思维形象化的方法。我们知道放射性思考是人类大脑的自然思考方式,每一种进入大脑的资料,不论是感觉、记忆或是想法——包括文字、数字、符码、香气、食物、线条、颜色、意象、节奏、音符等,都可以成为一个思考中心,并由此中心向外发散出成千上万的关节点,每一个关节点代表与中心主题的一个联结,而每一个连结又可以成为另一个中心主题,再向外发散出成千上万的关节点,呈现出放射性立体结构,而这些关节的联结可以视为您的记忆,就如同大脑中的神经元一样互相连接,也就是您的个人数据库。

思维导图是高效的思维模式,应用于记忆、学习、思考等的思维"地图",有利于人脑的扩

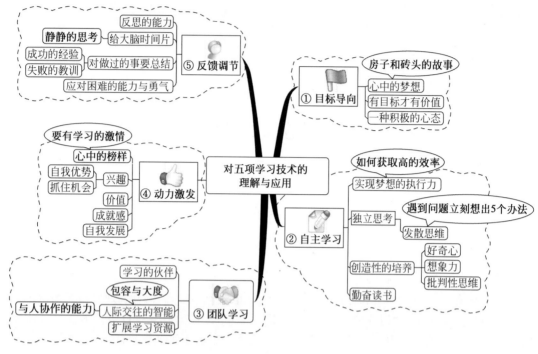

图 5-1 思维导图

散思维的展开。思维导图已经在全球范围得到广泛应用,如今已经成为一个耳熟能详的名字。事实上,它已经成为一个全球现象。

5.1.2 思维导图的结构

完整的思维导图由主题和各级分支构成,如图 5-2 所示。其中,主题就是想表达的重点,是思维导图的中心。主题可以是字或者图画,效果鲜明,这样更能吸引我们的眼球。

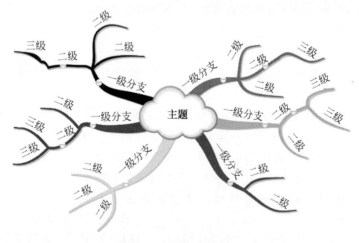

图 5-2 思维导图的结构

分支就是围绕主题所展开的、需要人们掌握和了解的重点内容。分支可以只有一级,也可以多级。分支从图像中心的主题向四周延伸发散。首先会被分成各个二级主题,与中心主题直接连接,然后三级主题和更多子主题也会以分支形式表现出来,并依附于父主题。分支是一幅图像或一个词语,与线条连接,共同构成一幅思维导图。

5.1.3 思维导图的绘制

关于思维导图的绘制,最原始的方式是手绘。但对于实用性而言,采用计算机软件绘制思维导图,才是效率最高的一种方式。如今,许多软件厂商纷纷开发研制思维导图软件,以满足大众对于制作思维导图的需求,其中较为常用的绘制软件有 MindMaster、Xmind 等。因为软件的开发方式和用户对象不同,各个软件之间存在一定的差异性。就单机软件而言,MindMaster 是比较合适的选择,因此本节以 MindMaster 为例,简要介绍如何绘制思维导图。

首先,需要在计算机上安装 MindMaster,可以从其中文官网(https://www.edrawsoft.cn/mindmaster/)下载安装包并进行安装,只需几分钟即可完成。MindMaster 支持 Windows、Mac OS 以及 Linux 等操作系统,对计算机配置要求不高,运行稳定流畅。

安装完成后,即可打开 MindMaster 软件,开始进行思维导图的绘制。其基础绘图的主要步骤如下。

(1) 新建主题。如图 5-3 所示,运行软件之后,新建一个思维导图,也可以选择合适的思维导图作为模板进行创建。

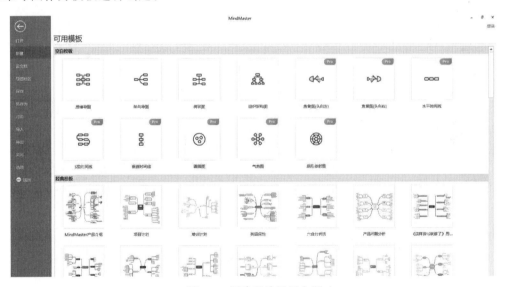

图 5-3 新建思维导图主题

(2) 编辑思维导图。思维导图的内容主要分为两个部分,一个部分是文字,另一部分是排版。首先要完善思维导图内容,通过键盘,可以轻松地创建出简单的导图内容。其次需要对思维导图进行排版,该步骤也是对思维导图进行美化的过程。如图 5-4 所示,在 MindMaster 思维导图软件中,内置丰富的编辑功能,使用者可以对导图的字体、线条、背景做自定义设置。

(3) 保存或导出。如图 5-5 所示,绘制完成的导图作品,支持导出为 PDF、JPG、PPT、HTML 等多种格式,也可以将作品生成网页地址,以便分享和存储。

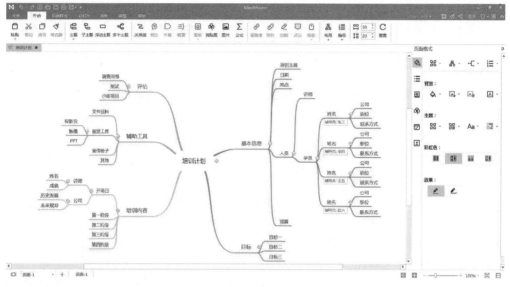

图 5-4　编辑思维导图

图 5-5　保存思维导图

5.2　商业需求文档

在工作中总会产生一些好的想法或者一些新的工作安排,当遇到这样的场景,要做的第一件事情,不是马上行动,而是先分析,梳理思路,描绘出蓝图,然后把它表达出来,为接下来的行动争取充足的资源,包括资金、场地、软件、硬件、研发、运营等。要获得这些资源,就要说服掌握这些资源的人,告诉对方,你要做一件什么样的事,做这个事需要用到哪些资源,用在什么地方,怎么使用,能获得什么样的收益,这里要用一个系统的思路和语言表达来说服对方,思路和语言表达的输出物,就是经常说的商业需求文档(Business Requirement Document,BRD)。

商业需求文档指的就是基于商业目标或价值所描述的产品(或项目)需求内容的报告,其核心的用途就是用于产品或项目在进行具体的实施或执行过程之前,作为决策者决策评估的重要依据。

概括地说,商业需求文档主要包括四个部分:阐述为什么做(why);为什么是现在做(when);项目规划,阐述怎么去做(how);项目的收益、成本风险及对策。在整个的项目生命周期中,商业需求文档属于早期文档,内容涉及市场分析、产品介绍、产品价值、销售策略、盈利预测等,通常是供决策者讨论的演示文稿,一般比较短小、精炼。

5.2.1 BRD 对象

项目的发起人一般通过 BRD 来争取资源,面向的一般都是公司的老板、高级管理、中层管理、基层管理人员、基层人员或政府相关部门等,因项目的发起人所处岗位的不同,面对的决策者的角色可能有变化。如果项目的发起人是基层的执行人员,BRD 得经过上面每一关的审核,上面每一个级别的人都得看。如果是做一个产品的 BRD,一般会有资金、人力资源(包括研发人员、运营人员、市场人员等)、硬件(云资源、服务器)、场地等方面的考虑,要获得这些资源,需要将 BRD 呈给掌握这些资源的部门领导看,争取各方的同意。

5.2.2 BRD 使用场景

BRD 大多在立项的会议上用于辅助演讲,项目的发起人或负责人通过 BRD 向参会者或决策人展示关键信息,然后通过语言的讲述弥补细节信息,演讲完成后,参会人员会根据自己接收到的信息,结合自己的经验判断进行提问,这就是 BRD 典型的使用场景。

5.2.3 BRD 内容

1. 产品介绍

产品介绍就是要简明扼要地说明要做一个什么样的项目或产品,说明要简短,最好用一句话就能说明白,包括产品的作用、定位、愿景等,要能让决策人快速理解。

2. 产品价值

产品的价值就是要告诉决策层,为什么要做这个产品。即从用户/客户的需求角度来看,这个产品满足了用户/客户什么样的需求,从痛点、使用场景、人群定位层面来谈;从战略的角度来看,做这件事能为企业带来什么价值,是能获得巨大利润、增加市场份额、延长服务的链条还是能形成协同效应等。

3. 解决方案

解决方案就是告诉决策者,这个产品大概的框架和轮廓,主要包含以下几个方面。

(1)产品形态:项目或产品架构大概是什么形态的,是社交形态的、搜索形态的还是服务形态的。

(2)业务模式:告诉决策者业务面向的对象有哪些,如何形成业务的闭环等;项目或产品的功能、架构等。

(3)运营模式:采用什么样的运营策略和手段让产品运营起来。

(4)盈利模式:盈利模式就是这个产品通过什么方式来赚钱,如广告、增值服务、出售商品等。

4. 市场分析

市场分析包括以下几个方面。

（1）市场背景有多大。数据需要通过对需求的分析，对人群判断后评估得出，决策者会通过这个数据判断值不值得投入。

（2）竞争产品分析。同类产品还有哪些；满足了用户的哪些需求，还有哪些没有满足；投入怎么样，效果怎么样；对比我们的产品，优势是什么，劣势是什么。

（3）对市场趋势分析。包括未来市场竞争格局、行业的风险、政策的变化、行业的发展方向等判断。

5. 执行计划

执行计划就是准备怎么做这件事。图5-6是某个智能政务项目的执行计划。

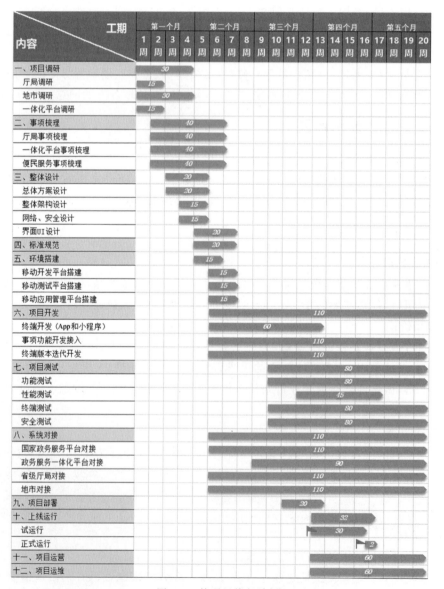

图5-6　某项目执行计划

6. 财务预估

财务预估主要就是预估投入成本和产出收益,这是决策者最看重的部分,没有人愿意只投入不产出,投入成本相对而言是比较容易预估的,可以先看看成本构成,包括人员工资、办公成本(场地、办公器材、水电等)、服务器带宽成本、软件成本(购买第三方服务)、市场推广成本等,然后通过市场价格计算,而收入是预估的。表 5-1 为某项目财务预算的示例。

表 5-1 某项目财务预算

序号	功能名称	需求分析和建模		程序开发		软件测试和部署		合价/万元
		工作量/人月	人工单价/(万元/人月)	工作量/人月	人工单价/(万元/人月)	工作量/人月	人工单价/(万元/人月)	
	移动端开发							109.12
1	启动页面管理	0.6	2.6	0.6	1.8	1	1.4	4.04
2	UI 设计	1.2	2.6	5	1.8	1.8	1.4	14.64
3	人脸识别	0.6	2.6	0.9	1.8	0.7	1.4	4.16
4	手势密码	0.7	2.6	0.7	1.8	0.8	1.4	4.20
5	验证码	0.6	2.6	0.9	1.8	0.7	1.4	4.16
6	二维码识别	0.5	2.6	1	1.8	0.8	1.4	4.22
7	语音输入对接	0.3	2.6	0.7	1.8	0.7	1.4	3.16
8	动态广告栏	0.6	2.6	1.3	1.8	0.9	1.4	5.16
9	菜单管理	0.6	2.6	1.3	1.8	0.9	1.4	5.16
10	更新管理	0.6	2.6	1.3	1.8	0.9	1.4	5.16
11	位置服务	0.6	2.6	1.3	1.8	0.9	1.4	5.16
12	前端安全	0.6	2.6	1.3	1.8	0.9	1.4	5.16
13	第三方接入	0.6	2.6	1.3	1.8	0.9	1.4	5.16
14	城市频道	0.6	2.6	1.3	1.8	0.9	1.4	5.16
15	个人中心	0.6	2.6	1.3	1.8	0.9	1.4	5.16
16	消息中心	0.6	2.6	1.3	1.8	0.9	1.4	5.16
17	热门服务	0.6	2.6	1.3	1.8	0.9	1.4	5.16
18	手机系统权限动态申请	0.6	2.6	1.3	1.8	0.9	1.4	5.16
19	功能搜索	0.6	2.6	1.3	1.8	0.9	1.4	5.16
20	在线申报	0.7	2.6	3	1.8	1	1.4	8.62

7. 风险预估

风险是指有可能影响产品目标实现,或增加产品成本的行为和因素,在考虑风险的时候,不仅要对所有可能出现的风险进行评估,确定风险出现的可能性和严重性,而且要给出对应的规避预案,并明确预案的规避效益。图 5-7 所示为某智能政务系统项目的风险评估示例。

```
♣ 实例：《XXX 省级政务服务移动端》
在项目困难带来风险，风险需要对策，在此陈述对其的相关考虑。
风险一：技术人员短缺同时研发周期较短
该问题带来进度风险和品质风险，对策主要包括：
    ✓ 构建精英团队。
    ✓ 利用有效加班。
    ✓ 采用敏捷开发策略，非必要技术文档开发结束后，测试组测试过
      程中进行补充。
    ✓ 安排专门人员对成果物进行严格 Review，保证技术实现合理性
      和规范性。
风险二：政务服务移动端开发涉及层面广
    该问题主要导致沟通成本和测试成本的增加，最终带来进度风险。
主要策略：
    ✓ 沟通方面，建立有效沟通方式，有效利用 Q&A 管理表记录问题进
      行备忘，一般问题集中解决，关键问题及时采用面对面方式解
      决。
    ✓ 测试方面，建议测试组针对现状提前指定测试计划，考虑进度风
      险。
风险三：产品开发前期无基线
    考虑任务划分合理性，降低任务间耦合性，尽最大可能保证每个任
务独立研发。
风险四：研发进行过程中临时插入紧急支线开发任务
    希望从较高层面首先减少该状况的发生，必要情况下，本组人员会制
定加班计划进行应对。
```

图 5-7　某智能政务系统项目的风险评估示例

5.3　商务画布

商业画布是指一种能够帮助企业催生创意、降低猜测、找对目标用户、合理解决问题的工具，可以将复杂的商业模式进行清晰的可视化操作。它主要包含客户细分、价值主张、客户关系、渠道通路、收入来源、成本结构、关键业务、核心资源、重要伙伴九个模块，如图 5-8 所示。注意，商务画布的格式是固定，各个模块位置不能变。

图 5-8　商务画布

通过分析这 9 个模块，企业可以搭建自己的商业模式画布，客观审视自己的商业模式，规划未来的商业发展。

（1）客户细分：客户是商业模式的核心。你需要反复问自己两个问题：我在为谁创造价值？谁是我们最重要的客户群体？

（2）价值主张：产品能为核心用户提供的价值、能解决用户的需求。它要解决的问题是：每个用户群体和我们应该建立和保持何种关系？每种关系的建立成本如何？如何把他们与商业模式的其余部分进行整合？

（3）客户关系：用来描述公司与特定客户细分群体建立的关系类型。这部分你要回答这几个问题：我们每个客户细分群体希望我们与之建立和保持何种关系？这些关系成本如何？如何把它们与商业模式的其余部分进行整合？

（4）渠道通路：这是企业接触用户细分群体，并向他们传递价值主张的渠道。通过哪些渠道可以接触我们的用户细分群体？如何接触他们？渠道如何整合？哪些渠道的成本效益最好？

（5）收入来源：产品的盈利方式，是每款产品发展到特定阶段都必须回答的问题。什么样的价值能让客户愿意付费？他们更愿意如何支付费用？每个收入来源占总收入的比例是多少？

（6）成本结构：成本结构构造块用来描绘运营一个商业模式所引发的所有成本。你需要知道，自己的商业模式中最重要的固有成本是什么？哪些核心资源以及关键业务花费最多？

（7）关键业务：我们的价值主张、渠道通路需要哪些关键业务？有关键业务才能存活下去。

（8）核心资源：每个商业模式都需要核心资源，这些资源使得企业组织能够创造和提供价值主张、接触市场、与客户细分群体建立关系并赚取收入。它可以是实体资产、金融资产、知识资产或人力资源。这部分必须回答的问题包括：我们的价值主张需要什么样的核心资源？我们的渠道通路需要什么样的核心资源？我们拥有什么样的客户关系和收入来源？

（9）重要伙伴：我们的重要伙伴是谁？谁是我们的重要供应商？我们正在从伙伴那里获取哪些核心资源？合作伙伴都执行那些关键业务？

5.4 原型

5.4.1 为什么要有原型

在 2000 年左右，当出现一个关于软件的创意时，一般要遵循类似图 5-9 所示的工作流，项目投资方、管理人员、研发及运营团队通力协作数月，才能将创意变成能运行起来的软件，甚至是大规模的商业化系统。

创意Idea→需求→分析→设计→编码→测试→交付→运行

图 5-9 创意实现工作流

然而，如何将创意整理转化为软件开发过程中真正的需求，既作为软件项目开发过程中正确的初始输入，又能给投资方和开发团队进行可视化演示，就显得非常重要，但也很不简单。

在当时，要完成这个艰巨的任务，项目需求相关人员所使用的工具和工作方法却不尽如人意。因为全世界都在用诸如 Microsoft Word、Microsoft Visio、Microsoft Excel、Microsoft PowerPoint、Adobe Photoshop、Adobe Illustrator 等工具撰写软件需求说明书，或者用来绘制功能清单、界面草图、流程图和功能结构图等各种图表。

其实，不论使用上述工具做出了何种工作结果，其目的都是在描述被开发软件的样子及各种约定。几乎所有的描述都在表达"什么像什么"，都不能准确、完整地展示被开发系统的"蓝图"。当受众（客户、用户、开发团队或者己方管理者）听到或者看到这些图文"描述"时，都要以"想象"的方式理解被开发系统的"蓝图"。这个令人尴尬的情景，特别像盲人摸象。

5.4.2　什么是原型

在建筑行业，开发商要新建一栋大厦，在真正施工前，会委托一家建筑设计公司为其制作出楼盘的各种等比例实物模型及平面图纸。在确定政策、技术和经济可行性后，方才动工开建。在机械工业生产领域，要生产一个零部件，研发团队会提前制作各种模具和工程图纸，用来指导实际生产。

诸如此类，上述传统行业多年的成功经验，对新生的软件工程行业来讲，有很高的参照借鉴意义。于是，很多业内人士思考，要开发真正的软件，我们能否设计一个被开发软件的模型，它是假的软件，但看起来和用起来又非常像真的软件。结论是肯定的，这个软件的模型被称为"原型"，同时，这种开发软件的方法也被称为"原型法"。

借用以下两个业内名人的话来强调制作原型的重要性。

《人人都是产品经理》的作者苏杰说："再好的产品需求文档，都比不上低保真的产品原型，再好的低保真原型，都比不上高保真的产品原型，而 Axure 就是近几年最火的高保真产品原型工具，让产品眼见为实！"

《结网：互联网产品经理改变世界》的作者王坚（也是流行 App 糗事百科的产品经理）说："记得一次我们拿 Axure RP 制作的交互稿给马化腾审阅，马化腾当成了设计稿，批复说风格简约，可发布。"

5.4.3　原型使用对象

原型使用对象主要包括以下三类。
（1）软件/互联网产品：产品经理、互联网创业者、开发人员、运营经理、用户体验设计师。
（2）软件/网络营销：客户经理、创意人员、销售人员、商务合作人员、提案者、策划经理。
（3）广告公司：客户经理、平面设计师、策划人员。

5.4.4　Axure

业界最受欢迎、使用最广泛的原型制作工具就是大名鼎鼎的 Axure。Axure RP（图 5-10 所示是 Axure 的 Logo）是美国 Axure Software Solution 公司的旗舰产品，是一款专业的快速原型设计工具。

Axure RP 让负责定义软件需求规格、分析功能、设计界面及交互体验的专家无须任何代码就能够快速创建应用软件、Web

图 5-10　Axure RP Logo

网站或移动 App 应用的线框图、流程图、高低保真原型和规格说明文档等,这些制品用于评估、需求说明、提案、融资、策划等各种不同的目的和场景。

Axure RP 还支持多人协作设计和版本控制管理。更精彩的是,该原型还响应用户的点击、鼠标悬停、拖曳、手指滑动、长按、短按、提交表单、打开超链接等各种事件。除了真实的数据库支持外,它几乎就是一个真正的软件。它也不仅仅是图文展示,而是集合了 HTML、CSS、JavaScript 效果的活生生的应用。

5.5 课后习题

1. 设想一款智能旅行或智能娱乐产品,使用思维导图梳理构想的功能。
2. 安装 Axure,并进行基本操作训练。

第6章

智能产品营销

6.1 智能产品营销方式

智能产品营销方式是指营销过程中所有可以使用的方法。常见方法包括服务营销、饥饿营销、体验营销、差异营销、事件营销、网络营销等。

6.1.1 整合营销

整合营销是一种将多种营销形式集合成一体的全面有力的营销模式。整合营销是一种对各种营销工具和手段的系统化结合,根据环境进行即时性的动态修正,以使交易双方在交互中实现价值增值。整合营销的意义是为了建立、维护和传播品牌,以及加强客户关系,而对品牌进行计划、实施和监督的一系列营销工作。整合是把各个独立的营销综合成一个整体,以产生协同效应。这些独立的营销工作包括广告、直接营销、销售促进、人员推销、包装、事件、赞助和客户服务等。

6.1.2 饥饿营销

在日常生活和工作中,常常碰到这样一些现象:买某款车要交定金排队等候,买"楼王"的房子要先登记交诚意金,还常常看到"限量版""秒杀版"等产品被疯狂抢购的现象。在物质丰富的今天,为什么还存在这种"供不应求"的现象呢?大家的解释是"刚性需求"所致。在社会中,"炫耀""吹牛""优越感"本身就是"刚性需求",当对"值得炫耀"的产品进行限量时,这种产品本身就会在用户中产生强烈的"饥饿感",从而刺激消费者购买的欲望。

饥饿营销是通过商家采取大量广告促销宣传,勾起顾客购买欲,然后采取饥饿营销手段,让用户苦苦等待,结果更加提高购买欲,有利其产品提价销售或为未来大量销售奠定客户基础。饥饿营销是通过调节供求两端的量来影响终端的售价,来达到加价的目的。表面上,饥饿营销的操作很简单,定个"叫好叫座"的惊喜价,把潜在消费者吸引过来,然后限制供货量,造成供不应求的热销假象,从而提高售价、赚取利润。但实际上,饥饿营销的最终作用是为了对品牌产生高额的附加价值,从而为品牌树立起高价值的形象。

6.1.3 体验营销

买方市场的形成让消费者需求呈现出了一些新的特点。
(1) 消费结构上,情感消费的比重提高了。
(2) 内容上,个性化需求增加了。
(3) 价值目标上,更加注重接受产品时的感受。
(4) 接受产品方式,消费者主动参与产品设计制造,消费过程变为一种体验过程。

以关注顾客体验为核心的体验式营销战略,便成为新时期企业的必然选择,就像小米之前"兜售参与感"的营销方式,它以满足消费者的体验需求为工作重点,将"体验"因子纳入营销战略,为消费者带来新的价值。体验营销是 21 世纪营销战中最有力的秘密武器,能迅速拉近与消费者的距离,提升品牌竞争力。

6.1.4 差异化营销

差异化营销的核心思想是"细分市场,针对目标消费群进行定位,导入品牌,树立形象"。差异化营销是在市场细分的基础上,针对目标市场的个性化需求,通过品牌定位与传播,赋予品牌独特的价值,树立鲜明的形象,建立品牌的差异化和个性化核心竞争优势。差异化营销的关键是积极寻找市场空白点,选择目标市场,挖掘消费者尚未满足的个性化需求,开发产品的新功能,赋予品牌新的价值。差异化营销的依据是市场消费需求的多样化特性。不同的消费者具有不同的爱好、不同的个性、不同的价值取向、不同的收入水平和不同的消费理念等,从而决定了他们对产品品牌有不同的需求侧重。

差异化营销不是某个营销层面、某种营销手段的创新,而是产品、概念、价值、形象、推广手段、促销方法等多方位、系统性的营销创新,并在创新的基础上实现品牌在细分市场上的目标聚焦,取得战略性的领先优势。

6.1.5 事件营销

事件营销是国内外十分流行的一种公关传播与市场推广手段,集新闻效应、广告效应、公共关系、形象传播、客户关系于一体,并为新产品推介、品牌展示创造机会,建立品牌识别和品牌定位,是一种快速提升品牌知名度与美誉度的营销手段。"事件营销"是指借社会事件、新闻及热点话题之势,有计划地策划、组织、举行和利用具体新闻价值的营销活动。与广告和其他传播活动相比,事件营销能够以最快的速度、在最短的时间内创造强大的影响力。

6.1.6 网络营销

网络营销是以现代营销理论(如 4C、4R 等)为基础,借助网络、通信和数字媒体技术实现营销目标的商务活动,由科技进步、顾客价值变革、市场竞争等综合因素促成;是信息化社会的必然产物,网络营销利用一切计算机网络及互联网媒体进行营销活动,是企业整体营销战略的一个组成部分,是建立在互联网基础之上借助于互联网特性来实现一定营销目标的营销手段。

网络营销可以定义为:基于互联网网络及社会关系网络连接企业、用户及公众,向用户及公众传递有价值的信息和服务,为实现顾客价值及企业营销目标所进行的规划、实施及运营的管理活动。网络营销不等于网站推广,也不等于电子商务,网络营销是手段而不是目的,它不局限于网上,不是孤立存在的,不能脱离一般营销环境,它应该被看作传统营销理论在互联网环境中的应用和发展。

网络营销有如下的特点:跨时空性、多媒体性、交互性、个性化、成长性、整合性、超前性、高效性、经济性、技术性。

关于网络营销的具体技术内容,将在第12章详细介绍。

6.2 智能产品盈利模式

产品的最终目的是盈利,智能产品也不例外。相比消费类产品,作为一种高技术含量的特殊产品,智能产品的盈利模式是多种多样的。按照盈利价值主体,可以分为产品盈利和服务盈利两大类,而产品盈利又可分为主体盈利、附加盈利和延伸盈利三种方式,如图6-1所示。

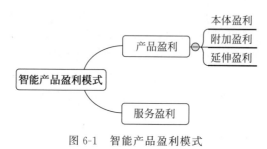

图 6-1 智能产品盈利模式

6.2.1 产品盈利

产品的盈利一般可以分为以下三类。

(1)本体盈利是指通过销售智能产品,利用生产产品所获得的成本与价格差异来获得收益的一种盈利方式。例如,销售一批片式电阻,利用销售价格和产品成本之间的差异(即利润)来获得直接收益。对于器件、部件、材料等产品生产企业,以及技术含量较低的智能产品生产企业,主要采取这样的盈利模式。

(2)附加盈利主要存在于智能产品的设备销售环节,以及一些复杂的系统产品销售中。除了通过销售产品本身获得本体盈利外,还通过销售与产品紧密相关的部件、配件来获得产品以外的附加收益。例如销售一台精密的激光直写设备,厂家在争取客户购买设备的同时,也将镜头等昂贵的部件作为设备维护、更换时的单一产品进行销售,并赚得利润。

(3)延伸盈利所涉及的产品并非存在于本体产品中,却和本体产品息息相关。这种盈利模式存在于大量使用耗材的设备和产品销售中。例如精密的清洗设备,设备厂商在销售设备和后备零件获得本体利润、附加利润的同时,也要求客户必须购买与之配套的清洗液或化学试剂。尽管这些清洗液或化学试剂并非由设备厂商自己生产,但这样的业务方式显然可以赢得一批稳固的战略合作伙伴,形成系统的一站式解决方案,赢得稳固的市场地位。

6.2.2 服务盈利

服务盈利主要有使用培训、维护培训、维修指导、资料提供、方案策划、系统维护、平台服务等几种形式。

对于复杂的智能产品而言,服务盈利正在成为一种新的营销模式。例如云计算设备,服务器厂商除了提供服务器、存储器、电源、机架等产品外,也为云计算中心提供技术解决方案,甚至直接参与云计算中心的建设、使用和维护。盈利方式由产品向服务延伸的同时,也获得更加丰富的长期收益。

6.3 营销工作的组织结构

6.3.1 组织结构

智能产品生产企业营销组织的结构通常各不相同,企业一般根据自己的产品和业务特点,以及所处的环境和社会文化来灵活设置组织结构。但在分析了大量的企业营销组织后,也能了解到智能产品生产企业营销组织结构设计的一些共性要素。

在纵向设置上,可按照直接的业务部门和辅助部门进行设置。业务部门是直接开展市场营销活动的单元,而辅助部门则是为其提供行政文秘、包装物流等支持工作的单元。

在横向设置上,业务部门可按照两种职能进行划分,将从事宣传、推广等职能的人员组建为市场部门,而将从事销售、服务等职能的人员组建为销售部门;也可以按照地域或产品类别进行划分,分为不同地区或产品的事业部,每个事业部在规定的范围内开展市场营销工作。

组织机构如图 6-2 所示。这种组织结构要做好以下几点。

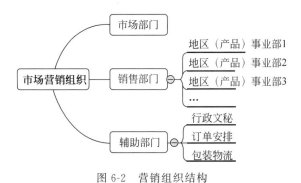

图 6-2 营销组织结构

(1) 设立专门的市场部门,将所有产品和区域的市场宣传、品牌推广集中于此,将公司有限的资源按照市场和产品战略,进行有序的梯次配备,以形成集中、高效的宣传效果。

(2) 在销售部门的设置上,不建议按照产品类别进行设置,除非产品之间有着巨大的差异。在大多数智能产品生产企业中,产品差异通常只是型号和功能上的区别,并非种类上的不同。不按产品类别设置销售部门,可将多种产品进行有效捆绑,方便销售人员针对客户实际提供不同的解决方案,以获得更加灵活的业务空间。例如按照销售区域,可以按照欧盟、东亚、美国等文化和市场特点不相同的领域,设置不同的销售部门,这有利于销售人员专注于自己的业务工作,深入了解本区域的产业、社会和文化特点,并和其他区域开展合理、良性的竞争,促进公司业务的发展。

但在一些特殊领域,也可以按照产品应用领域划分。例如,同样的电子元器件,民用客户和国防客户就有着不同的要求。如要为军方提供电子元器件产品,企业必须具备军队部门要求的管理、质量、保密、技术资质,并按照资质等级提供不同的产品;民用领域的智能产品,在技术可靠性上的要求要比汽车智能、医疗智能领域所提供的产品宽松一些,因为后者牵涉安全问题,要求更为严格和苛刻,检测程序更为烦琐,周期也更为长久。

(3) 一般保留辅助部门,以提供行政文秘、包装物流等支持工作,保证市场营销人员全身心地投入到市场营销工作中。在一些小型的电子产品生产企业中,辅助部门还包括生产调度、订单安排等小型部门,以根据各个地区客户的实际要求,做好合理的生产、物流计划,并按时完成订单加工。

6.3.2 权力梯次

在市场营销组织中,在搭建组织结构的同时,也要进行权力的划分和授予,以充分发挥企业营销组织中各级人员的优势,创建更加合理、进退自如的自主营销(如决策)空间。

一般而言,基层市场营销人员承担更多的是市场调研、产品介绍、技术服务、关系建立等基础性业务工作;中层管理人员则在分析市场和产业环境基础上,完成产品、渠道、服务的策划和组织,以指导基层市场营销人员充分调动各方资源,按照计划实施市场营销工作;高层管理人员则站在全局高度,规划、指导宏观的业务计划和战略目标,同时监督业务工作的实施,并在重大业务机会和战略合作方面进行决策和支持。

市场营销组织中基层、中层、高层人员主要在以下几方面拥有不同的权限,以形成错落有致的决策空间。

(1) 产品定价。
(2) 优惠政策。
(3) 合作签署。
(4) 服务等级。
(5) 索赔内容。
(6) 付款周期。
(7) 付款方式。

6.4 课后习题

1. 简述常见的智能产品营销方式。
2. 简述常见的智能产品盈利模式。

第7章

智能产品广告投放

7.1 智能产品广告目标

7.1.1 智能产品广告目标的分类

一个企业的广告目标往往不是唯一的,且可以根据不同的标准进行分类。按照不同的划分依据,广告目标可分为以下几种类型。

(1) 按目标的层次划分,广告目标有总目标和分目标两种。总目标是广告所要达到的最终目标,它从总体上显示出企业开展广告活动的目标。分目标是总目标在广告活动各个方面的具体目标,如广告预算目标、广告效果目标等。

(2) 按目标所涉及的范围划分,分为外部目标和内部目标。外部目标是与广告活动的外部环境有关的目标,如市场目标(如市场占有率、销售量目标等)和发展目标(如树立企业形象、扩大知名度和美誉度等)。内部目标是与企业的内部环境有关的目标,如改善内部关系、激励员工士气等。

(3) 按目标的具体内容划分。依据广告目标所涉及的具体内容,可分为产品推广目标、市场拓展目标、销售增长目标和企业形象目标四种类型。产品推广目标旨在扩大产品的影响、增加广告的覆盖面和提升目标消费者对广告的接受程度;市场拓展目标旨在拓展新的市场,希望通过广告活动吸引一批新的消费者加入产品的消费行列;销售增长目标主要是为了提高销售量,希望通过广告活动使企业的总销售额或某一产品的销售额增长到一定的程度;企业形象目标旨在扩大企业的影响力,提高企业的知名度和美誉度,抑或是希望通过提高某种服务,显示企业的社会责任感及对大众的关注。

7.1.2 建立智能产品广告目标应遵循的原则

在广告运作中,广告目标深刻影响着广告活动的发展方向,广告目标的制定是否得当,既关系到广告计划的制定与实施,又关系到广告效果的好坏,同时也会直接影响企业的各种效益。因此,广告目标的制定一定要遵循科学的原则。

（1）符合企业营销目标。广告目标的制定要符合企业目标和营销目标，并反映出整体营销计划的考虑重点，如广告发挥影响的范围、时限、程度等以便使广告活动配合整体营销活动。

（2）目标要单一，突出重点。广告主往往希望在一次活动中实现多个目标，但这实际上是非常不现实的。因为多个广告目标会导致广告诉求重点的分散，给受众造成混乱、不统一的印象，最终导致一个目标都不能实现。

（3）切实可行。广告目标应避免空洞的表述，如"提高产品的知名度，扩大产品的市场份额，树立良好的品牌形象"。这类表述过于宏观，内容空洞无物，毫无价值可言，阅读者无法从中了解广告活动的真实目标。

（4）具体明确，可以被测量。广告目标应能够细化成一系列的具体目标，以指导广告策划的每一个具体环节。除此之外，广告目标还应可以被测量，目标制定人员应尽可能将目标具体化，使人们能以一套公认的标准对其测量。

（5）要有一定的弹性。广告目标并非一成不变，也要具有一定的灵活性，如当企业内外部环境发生重大变化时，要及时调整目标，以适应形势的变化。

7.1.3　智能产品广告目标设立策略

广告目标的制定不是随机的、任意而为的。它是建立在对当前市场营销情况透彻分析的基础上，以企业目标市场、产品定位等重要决策为依据，运用科学的方法来进行。当然，这并不意味着制定广告目标要以僵硬的方式进行教条化操作，目标制定人员一定要结合企业产品和竞争状况做出合理判断。通常情况下，广告主会选择以下三种策略来设定广告目标。

（1）以产品销售状况来制定广告目标。
（2）以消费者的消费行为来制定广告目标。
（3）以传播效果来制定广告目标。

7.2　智能产品广告推销策略

7.2.1　智能产品广告推广

广告推广是指由明确的主办人发起，通过非人员介绍的方式展示和推广商品或服务的信息传播活动。广告推广是企业迅速建立产品认知的重要工具，在树立品牌偏好方面具有明显的作用。

在产品的不同生命阶段，企业可以选择不同的广告推广策略，如告知性广告、竞争性广告、提示性广告和铺垫性广告。根据不同的诉求手段，广告推广策略可以分为感性诉求广告和理性诉求广告。根据广告的内容不同，广告推广策略还可以分为产品广告和企业形象广告。

7.2.2　智能产品广告推广的过程

智能产品广告推广是一项复杂的信息传播过程。通常来讲，一个完整的广告推广过程至少要包括如下内容。

（1）设定目标。具体见7.1节所述内容。

（2）决定预算。作为一项付费传播方式，广告推广的整体费用需要提前设定。目前国内企业按照销售额的一定比例来核定的居多。除此之外，影响企业广告预算的因素还包括产品生命周期、市场份额和消费者基础、竞争对手的干扰等。

（3）媒体决策。媒体决策是指在广告活动推出之前，根据不同媒体的特点、媒体的刊播时间和各媒体上广告量的分布，找到向目标受众传达信息的性价比最佳的媒体。

（4）效果测定。广告效果是指广告信息在传播过程中引起的直接或间接变化的总和。广告效果是经济效果、社会效果和心理效果的统一。

7.3 智能产品广告媒体策划

7.3.1 智能产品广告媒体形式分析

在三网融合的大背景下，各类媒体为了顺应潮流衍生出了多种形态。除了原有的报纸、杂志、电视、广播四大传统媒体外，互联网媒体、手机媒体等都成为广告媒体的一种形式，同时传统媒体也开发出了多种新的媒体形式，成为新的广告传播载体。目前，电视媒体仍然是广告的主要投放媒体，互联网媒体的投放上升比较迅速，广告投放多元化更加明显，广告主现在已经摒弃了过去"央视崇拜"的观点，在具体的媒体操作中会选择适合自己的媒体。当前主要的媒体广告形式包括报纸媒体、杂志媒体、广播媒体、电视媒体、手机媒体、互联网媒体、户外媒体等。

7.3.2 智能产品广告媒体组合策略

实战中，很少有只选择一种媒体的广告策略，对于成熟企业或者成熟产品，往往采用"陆、海、空联合轰炸"的广告媒体选择。

1. 广告媒体选择和组合

广告媒体选择和媒体组合是两个不可分割的概念。广告媒体选择就是根据广告的目标市场策略、诉求策略的要求，对可供选择的媒体进行评估，从而选择出最符合要求的媒体。广告媒体组合，就是指经过严格的测评，筛选出那些能够最大化满足该次策划活动目标的多种媒体的组合。现在，任何一种媒体都不能覆盖广告的全部目标市场，媒体组合成为企业常用的媒体策略。媒体组合不仅使潜在消费者接触广告的机会增多，还能造成一种大声势，因而更容易引人关注。

2. 广告媒体选择原则

广告媒体的选择应遵循以下原则。

（1）目标第一原则。广告媒体的选择要符合广告活动的目标。如大型户外广告更有利于建立品牌的美誉度，而电视媒体的大众化传播则更有利于建立品牌知名度。

（2）优化媒体比例原则。目前已经很少有广告主在广告活动中只选择单一媒体，往往广告主都会把多个媒体线合起来投放广告。此时就要根据广告主的目标、费用以及目标人群的覆盖的不同，确定广告投放在不同媒体上的比重，要尽量保证各种媒体相互配合达到广告的有效频次，尽可能使广告作品在受众脑海中产生记忆。

（3）注重效益原则。能达到100%的目标人群是每个广告活动所期待的，但是广告主的费用不是无限的，所以要利用广告主有限的费用，为广告主创造最好的效果，这是整个广告策划都要遵循的原则。无论选择什么样的广告媒体都应该将广告效益放在最重要的位置，广告策划要尽量采用成本较低但又能达到宣传预期目标的方式。

3. 广告媒体组合方式

单一的媒体投放很明显已经不适合当下复杂的媒体环境，广告的媒体组合成为广告媒体投放的主流形态，广告媒体的组合方式有以下几类。

（1）视觉、听觉、触觉多方位体验式的媒体组合。广告媒体的选择既要有电视、广播这类的媒体，同时也要注重开发户外媒体，实现与受众的互动，这样才能达到更好的广告效果。

（2）空间上多维度覆盖的媒体组合。在选择广告投放时，不仅可以在同类媒体中进行组合，如省级卫视可以同央视进行同步投放，也可以在不同媒体之间进行组合，如报纸、杂志、电视、互联网等多种媒体并用，实现对消费者在空间上的多重覆盖。

（3）时间交替的媒体组合。当在个别主要媒体上达到最佳到达率之后，其他媒体要承担起补充的作用，尤其是在时间上的补充，如消费者能够关注广告的整块时间可能是在晚上看电视或是在互联网上看视频的时候。而白天消费者在公司或是在路上的时间就是比较闲散零碎，这些时间，在进行媒体选择时，也要用相应的媒体资源进行覆盖。

7.3.3 智能产品广告媒体排期策略

1. 媒体排期定义

媒体排期主要包括了广告要在何时开始投放，以及投放要持续多长时间，即广告是采用何种方式来进行持续性发布的。

2. 媒体排期分类

根据媒体排期的持续性来分类，主要有四种形式：连续式、集中式、起伏式和脉冲式。

（1）连续式排期。连续式的媒体排期是指在一定时间内均匀地安排广告展露时间。当广告主市场扩大、产品为紧缺有限商品或是消费者日常消费品时，一般采取这种方式。持续暴露能够积累广告效果，能够提高和加强消费者对品牌的认知，防止广告记忆下滑，持续刺激消费者。但持续性露出需要大量的广告费用，而且过度暴露可能会导致受众产生反感。

（2）集中式排期。集中式排期是指将广告安排在一个特定的时期内集中发布。采用这种排期的主要是季节性商品或者在应对竞争对手的营销活动时。这种排期方式灵活性大，可调整最有利的露出时机；高度重复暴露可以提高传播效果；集中购买大量媒体，还可以得到折扣。但广告空档过长，可能使广告记忆跌入谷底，需要重新进行认知的投入，这无形中增加了广告成本。

（3）起伏式排期。起伏式排期指在某些广告刊播时间段内，间歇一段时间，再继之第二时间段的广告。这种方式比较适合销售季节性产品时使用。可集中费用，获得较大的有效到达率；能够维持消费者对产品的记忆和认知。其弊端在于，间歇时期也可能被竞争者利用，如果间歇期时间过长，消费者的认知和记忆也存在衰退的危险。

（4）脉冲期排期。脉冲期媒体排期与起伏式媒体排期一样，媒体预算的投放随时间的变化而变化，但是与起伏式排期不同的是，在整个广告活动的任何时段都保持了一定量的广告存在，只不过是某些阶段投放的广告多一些，而另外一些时段投放的广告少一些。脉冲期排期具有持续累积的广告效果，依品牌需要，可以加强在重点时期的露出强度。但这种排期方式预算耗费较大，重复广告的过度播放，也容易使消费者的注意力、记忆力下降。

在具体操作的时候，何种排期方式能够产生最大的媒体效益，取决于多种因素，不同的产品属性、购买周期、产品生命周期、预算都可能成为影响媒体排期的因素。如对于销售季节性变化不明显的产品，比较适合于用连续式媒体排期，以维持一定的广告接触和品牌知名度；而对于销售季节性非常明显的商品，则比较适合起伏式和脉冲式媒体排期，以支持产品销售。

7.4 智能产品广告效果评估

7.4.1 智能产品广告效果评估的原则

在进行广告效果评估的实施过程中需遵循以下一些基本原则。

(1) 目标性原则。目标性原则要求每次广告效果评估都要有明确而具体的目标，而非空泛之谈。例如，广告效果评估的内容是经济效果、心理效果还是社会效果；是长期效果还是短期效果等。

(2) 综合性原则。无论广告效果评估活动的目标是经济效果、心理效果还是社会效果，都需要综合考虑各种相关因素的影响，例如商品种类、消费者类型、竞品广告的发布以及其他营销活动的配合等。

(3) 科学性原则。广告效果评估是一项需要成本投入的系统工程，其结果本身并无科学合理的评价标准可供遵循，这就要求评估实施过程本身要严格遵循科学原理和科学性原则，使得效果评估实施具有可操作性，结果具有可靠性和稳定性。

(4) 经济性原则。在不影响评估要求和准确度的前提下，要尽可能使评估方案简单易行。尽可能做到用较少的费用支出取得尽可能客观的评估结果。

7.4.2 智能产品广告效果评估的重要性

广告效果评估工作对广告主企业的营销活动、广告公司的经济发展和广告水平的不断提高，都具有重要的意义和作用。

(1) 能够加强目标管理。广告效果评估是实现对广告活动进行目标管理的必要条件。广告主投入大量的物力、人力和财力，就是希望实现既定的广告目标，这就需要加强目标管理。通过对广告活动的各个过程、各个阶段的实际效果进行评估，同时与广告方案中的目标进行对照比较，就能衡量其是否达到了目标，进而全面而准确地掌握广告活动的发展方向，及时发现问题、总结经验，确保广告活动始终围绕目标开展。

(2) 可以增强广告意识。广告效果评估能够为企业提供科学的参考依据，一方面能够摒弃主观判断、单凭经验运作广告的局限，使广告活动更加规范、严密、精细；另一方面通过翔实的数据资料，为企业提供相对明晰可见的广告效益，增强企业广告意识，并进一步增强其运用广告传播手段促进企业发展的信心。

(3) 有助制定广告策略。广告策划是一个循环的系统，因此前期、中期和结束都需要有评估,以保证广告策划顺利进行。前期评估有利于制定科学的广告策略,明确广告目标,选择合适的广告媒体,安排广告发布时间和频率等,从而保证企业作出正确的广告决策;中期评估有利于时时监控广告活动的进程,扬长避短、及时修正不足,从而避免广告活动的失误,使广告活动获得更大的收益;广告活动结束后,评估广告活动给消费者、企业营销和整体市场带来的影响和变化,将有利于企业全面掌握广告活动的成功与不足,找出问题点和机会点,为以后的广告活动提供依据和借鉴,以便开启新的迭代。

(4) 提高经济效益。企业的广告投入通常是营销预算中的最大一笔开支,通过广告效果评估能够帮助企业明确广告效果及其所带来的经济效益,例如消费者的态度改变,销售量的增加等,这样有利于企业合理安排和控制广告预算,从而取得最佳的广告投资效益。

7.5 实践——智能家居广告语分析实践

7.5.1 实践前提

1. 实践意义

广告的最终目的是促进产品的销售,对企业而言,产品有没有吸引力,能不能满足消费者的需要,是企业经营成败的关键。因为对于消费者来说,对产品的要求,不仅是对产品的占有,更重要的是希望得到某种需要的满足。因此,广告的产品策略不仅是市场营销的重要策略,而且是广告宣传中引导和刺激消费需求的重要战略的组成部分。产品策略主要包括产品定位策略和产品生命周期两项内容。

通过对广告语的全方位、多层次的分析,可应用单一变量测试法和多种变量测试法进行分析。可以了解广告所产生的效果,进而对市场的把握能够做到更科学的认知,从而能够做出科学的决策。

2. 实践背景

中点集团是一家集科研、开发、物联网应用为一体的新型科技企业,全面打造以智能家居、智慧酒店、智能健康为主导的智慧物联网运营体系,布局智能社会 5.0 时代。特征集一句智能家居产品的宣传语,要求作品能体现出我们的家居产品"智能"的特点,朗朗上口,易读易记,便于传诵。

经过举办征集活动,筛选后集团公布了 10 个评分较高的广告词,为了最终确定广告词,需要你从广告预期效果和广告认知程度进行下一步的分析,并给出自己的分析结果。

以下是经过筛选后的广告语:

- 中点——人居互动"芯"起点。
- 中点智能,幸福云端。
- 心中有爱,智点精彩。
- 中点智能化,惠及千万家。
- 智居全方位,中点零距离。
- 智能家居梦,中点直通车。
- 中点家居,点亮心中的幻想。
- 中点,空间多一点。

- 让家零距离,中点更懂你。
- 中点,点一下成皇帝。

选择以上你认为最合适的广告语,并多角度多层次的分析广告语的市场前景,撰写并提交分析报告。

7.5.2 实践内容

1. 广告选取原则

(1) 吸引注意原则:广告设计要针对消费者的需求层次、利益欲求和兴趣,才能使广告产生吸引力,从而让广告产生效果。

(2) 通俗易懂原则:广告必须被人理解,因此广告的语言和广告画面都必须通俗易懂。

(3) 信任原则:广告宣传光赢得消费者理解还不够,还必须设法使消费者建立对产品的信任。取得信任,必须以客观事实为依据,而不能采取欺骗手段。

(4) 号召力原则:广告必须有号召力,消费者才能受到感召,才能为他们所接受,并加以记忆,使其调整观念和态度,促使其产生购买的决心,号召力必须着眼于人类的需要。

2. 广告市场分析

(1) 目标定位分析:企业选择目标市场是在细分市场的基础上进行的,由于市场可以细分,在市场经营和广告宣传中,就可以运用不同的策略手段,争取不同的消费者。依据市场来制定销售策略,一般可分为无差别市场战略、差别市场战略和集中市场战略等三大类。针对不同的情况,广告策略也采取相应的形式,即无差别市场广告策略、差别广告策略和集中市场广告策略。

(2) 广告促销分析:广告促销策略是一种紧密结合市场营销而采取的广告策略,它不仅告知消费者购买商品的得益,说服其购买,而且结合市场营销的其他手段,给予消费者更多的附加利益。以吸引消费者对广告的兴趣,在短期内收到即效性广告效果。

(3) 促销心理分析:广告促销策略是运用心理学的原理来策划广告,诱导人们顺利完成消费心理过程,使广告取得成功。

3. 广告媒介分析

广告的媒介策略,实质上是根据广告的产品定位和市场策略,对广告媒体进行选择和搭配运用的策略。其目的在于用最小的投入,取得最大的广告效益。广告媒介分析一般会考虑广告媒介"质"和"量"的价值。"质"的价值是指媒介的影响力;"量"的价值是指媒介覆盖的范围和听者人数。

4. 广告实施分析

由于广告实施过程与媒介、产品和目标市场密切相关,因此,广告实施策略与以上策略都有交叉部分,广告实施分析主要有广告差别策略分析、系列策略分析和时间策略分析。广告的时间策略,在时限运用上,主要有集中策略、均衡时间策略、季节时间策略、节假日时间策略等四种,在频度上,有固定频度和变动频度两种形式。

5. 广告计划分析

广告计划有一个完整的内容,一般包括广告任务、广告预算、广告媒介策略、广告实施策略、广告设计方案、广告调查和广告效果测等项内容。

6. 广告预算分析

制定广告预算的方法很多,但常见的有七种:销售百分比法、利润百分比法、销售单位法、目标达成法、竞争对抗法、支出可能法和任意增减法。最后在此基础上形成广告预算书。

7. 广告效果分析

运用科学的访求来鉴定广告的效益,广告效益主要表现在3个方面,分别是经济效益、社会效益和心理效益。

7.5.3 实践过程

1. 实践组织

每5个人为一个小组,每个小组设置组长1名,组长具体负责任务分配协调。

2. 实践成果

实践结果是形成一份完整的智能家居广告词分析报告,多角度、多层次地完成实践报告。

3. 分解过程

实践可以分解为如下过程。

(1) 小组会议,确定企业市场目标,制定好项目进度。
(2) 收集相关市场依据。
(3) 分小组进行广告市场分析。
(4) 分小组广告媒介分析。
(5) 分小组广告实施分析。
(6) 分小组广告效果分析。
(7) 小组会议确认广告词。
(8) 运用软件对数据进行分析,分析并制作表。
(9) 整合成一份完整的调研报告,排版加工。
(10) 提交作品。

7.5.4 结果评审

(1) 提交文档:在大量文献调研的基础上,撰写一份Word文档的报告,阐述自己的观点,同时,根据Word文档内容,制作一份答辩PPT。

(2) 课堂答辩:每个小组派出一名代表进行课堂演讲,每个人演讲5分钟,演讲内容需要围绕事先准备好的PPT进行。演讲结束后,有5分钟的自由提问和回答时间。

(3) 考核方法:本次实践课的最终成绩由3部分构成:PPT(40%)、Word文档(40%)、演讲(20%)。

7.6 课后习题

1. 简述广告媒体形式有哪些。
2. 广告效果评估的原则有哪些?

第8章

智能产品公关策划

8.1 公关策划原则

8.1.1 公关关系概述

公共关系简称"公关",是社会组织与构成其生存环境、影响其生存发展的那部分公众之间的一种社会关系,是一个组织为了达到一种特定目标,在组织员工之间、组织之间建立起的一种良好关系的学科。组织中建立一种良好的公共关系,是需要用良好的公共关系活动的策划来实施和实现的。

公共关系的基本特征概括起来有6个方面:以公众为对象、以美誉为目标、以互惠为原则、以长远为方针、以真诚为信条、以沟通为手段。

公共关系基本原则概括下来有4个原则:真实性原则、平等互惠原则、整体一致原则、全员公关原则。

8.1.2 公关策划含义

公关策划是公关人员根据智能产品企业形象的现状和目标而谋划并设计公关策略、专题活动及具体公关活动等的具体行动方案的过程。公关策划不是具体的公关业务活动,而是公关决策的形成过程。

公关策划的基本概念由5个要素组成,即策划者、策划依据(信息和知识)、策划方法(手段)、策划对象(公众)、策划效果测定和评估。

公关策划一般有两种。一种是单独性的,即为了一个或几个单一性的公关活动进行策划;另一种是系统性的,即为规模较大的、一连串的、为同一目标进行的公关活动的组合而进行的策划。在公关实践中,这两种公关策划都是普遍存在的,有时还同时存在于同一个组织的公关活动中。

公关策划的核心是要解决以下3个问题。

(1) 如何寻求传播沟通的内容以及公众易于接受的方式。

(2) 如何提高传播沟通的成效。

(3) 如何完备目前公关工作体系。

8.1.3 公关策划基本原则

公关策划是公关活动重要组成部分,目的是在公关策划中正确发挥策划者的主观能动性,科学规范公关策划活动,给公关策划一个价值目标和价值取向,使公关策划能积极、健康、有效地进行。公关策划的原则是针对性、系统性、创造性、可行性、效益性、可调性。

(1) 针对性。任何行为活动,只有具有针对性,对症下药,才可能取得实效。公关策划必须有这方面的强烈意识。

(2) 系统性。无论是公关策划所要策划的公关行为活动,还是公关策划本身,都涉及有机联系且错综复杂的诸多因素、内容和问题,只有强化整体的系统控制,才有可能取得公关策划及公关活动的成功。

(3) 创造性。一切公关策划都表现出人的能动性,但未必都具有创造性。而具有创造性的公关策划,才能更好地实现公关活动的任务目的,并具有更高的价值。创造性的更高层次是创新性。需要注意的是,创造应该是最富能动精神的自由和个性的活动,但要想使创造获得有益的价值,又必须给予它科学的限定。公关策划中的创造所要接受的限定,一是各种主客观条件,二是公关基本原则,三是公关活动的目的。

(4) 可行性。公关策划为的是更理智、更有效地进行公关活动,同时也要接受公关活动实践和效果的检验,因此公关策划必须坚持可行性原则,力避梦里栽花、纸上谈兵。可行性包括可操作性和可实现性两个方面。

(5) 效益性。既要考虑近期的、局部的、经济的效益,又要顾及长远的、整体的、社会的效益,要对公关活动的效益作整体、系统的考虑、协调、兼顾。

(6) 可调性。考虑到公关活动在实施中有可能会遇到意料不到的情况,因此对公关方案的策划设计应留有可调整的余地。一是设计备用方案、应变应急措施,二是各项内容指标及程序步骤要具有适度弹性,不可订得太满、太挤、太死。

8.1.4 公关策划作用

对于任何产品而言,公关策划都不是可有可无,而是非常必要。公关策划具有以下几个方面的作用。

(1) 明确公关战略的整体目标。

(2) 做好公关活动的全面计划。

(3) 有效实现公关战略目标。

公关策划可以保证公关战略和实务运作的有效性。公关必须成为有效的公关,必须使其建立良好的智能产品企业形象,并为企业发展争取最佳的经济效益和社会效益。这就要求公关人员善于根据不断变化的环境,精心策划。这种策划愈是深谋远虑、独具匠心,公共关系的成功率也就愈高,也就愈能保证公关目标和智能产品企业发展目标的顺利实现。

8.2 公关策划内容

8.2.1 公关策划基本内容

公关策划的基本内容主要包括以下几个方面。

(1) 树立企业形象，帮助智能产品企业建立起良好的内部和外部形象。从智能产品企业内部做起，使员工具有很强的凝聚力和向心力。还要加强智能产品企业的对外透明度，利用各种手段向外传播信息，让公众认识自己、了解自己，赢得公众的理解、信任、合作与支持。

(2) 建立信息网络，公共关系是智能产品企业收集信息、实现反馈以帮助决策的重要渠道。由于外部环境在不断地发展，智能产品企业如果不及时掌握市场信息，就会丧失优势。公共关系策划可以使智能产品企业及时收集信息，对环境的变化保持高度的敏感性，为智能产品企业决策提供可靠的依据。

(3) 分析预测，及时分析监测社会环境的变化，其中包括政策、法令、社会舆论、公众志趣、市场动态等的变化。

(4) 处理公共关系，在现代社会环境中，智能产品企业不是孤立存在的，不可能离开社会去实现智能产品企业的经营目标，而是在包括顾客、职工、股东、政府、金融界、协作者以及新闻传播界在内的各方面因素组成的社会有机体中实现自身的运转的。

(5) 消除公众误解，任何智能产品企业在发展过程中都可能出现某些失误，而失误往往是一个转折点，处理不妥就可能导致满盘皆输。因此，智能产品企业平时要有应急准备，一旦与公众发生纠纷，要尽快掌握事实真相，及时做好调解工作。

(6) 促进产品销售，即以自然随和的公共关系方式向公众介绍新产品、新服务，既可以增强公众的购买或消费欲望，又能为企业和产品树立更好的形象。

8.2.2 公关策划基本要求

公关策划的基本要求有以下几点。

(1) 求实要求。实事求是是公关策划最基本的要求。公关策划必须建立在对事实的把握基础上，以诚恳的态度向公众如实传递信息，并根据实事的变化来不断调整策划的策略和时机等。

(2) 系统要求。在公关策划中，应将公关活动作为一个系统工程来认识，按照系统的观点和方法谋划统筹。

(3) 创新要求。公关策划必须打破传统、刻意求新、别出心裁，使公关活动生动有趣，从而给公众留下深刻而美好的印象。

(4) 弹性要求。公关活动涉及的不可控因素很多，任何人都难以把握，留有余地才可进退自如。

(5) 伦理道德要求。组织公关活动及其策划，以及从业人员行为都要尊重伦理道德。

(6) 心理要求。要运用心理学的一般原理及其在公关中的应用，正确把握公众心理，按公众的心理活动规律,因势利导。

(7) 效益要求。要以较少的公关费用,去取得更佳的公关效果,达到企业的公关目标。

8.2.3　公关策划主要方法

公关策划策略主要方法包括。

(1) 新闻媒介法。智能产品企业自己整理材料,并将这些材料交给新闻界传播给公众,也可以是智能产品企业举办一些有吸引力的活动,让那些争抢新闻的报社、电台等新闻机构主动将这些传播给公众。

(2) 音像视听法。由智能产品企业公共关系人员利用幻灯、录音、录像、光碟等音像视听材料在特定的时候和特定的场合向特定的公众作宣传。音像视听法应用的场合主要包括：智能产品企业召开新产品发布会、智能产品企业举办展览会、第三方组织的公众参观活动等。

(3) 刊物图片法。智能产品企业在公共关系活动中定期或不定期地出版一些刊物图片等。组织所发行的刊物一般有对内和对外两种——专为组织内部成员而发行的称为内部刊物,专为外界所发行的刊物称为外部刊物。一般刊物图片包括：杂志、报纸、文宣品、年度报告及纪念刊等。

(4) 公关广告法。公关广告又称"形象塑造广告",就是通过发布合适有效的公关广告来实现智能产品企业的公共关系目的。公关广告的目的是树立智能产品企业的形象、取得尽可能多的公众支持和谅解以及消除误会。

(5) 赞助捐献法。"赞助""捐献"都是企业为了求得本身的发展而发动的一种宣传攻势。有的当然属于"推销",在"黄金时间""热门项目"上花一些宣传费用,以便达成巨额的交易；有的则属于"攻心",资助公益事业或社会福利事业,为企业树立形象。可赞助的社会活动主要有以下几类：各种社会福利事业、各种文化活动、资助兴办教育、公共节日的庆典活动等。"捐款宣传"往往体现着企业的精神风貌和道德倾向,恰当地运用这一方法可起到很好的抛砖引玉作用。

(6) 躬亲服务法。躬亲服务法是指企业始终一贯地注意为客户提供服务与方便,以形成攻势强大的口碑效应,俘获公众的心。这种方法虽然时间长久且任务艰巨,但其影响却是美好而深远的。

(7) 拆篱芳邻法。"拆篱芳邻"的"拆篱"是指建立开放型的企业,"芳邻"则是亲善邻里。即一方面是门户开放,不要画地为牢；另一方面是要亲善邻里,为公众事务多做贡献。那种在门口挂上"工厂重地,谢绝参观"牌子的做法,从公共关系角度来看是愚蠢的。

8.2.4　公关策划常见问题

公关策划实施常见问题主要有以下两点。

(1) 公关策划中的目标障碍,在公关策划中,由于所拟定的目标不正确、不明确、不具体,给实施带来障碍。

(2) 公关策划实施中的沟通障碍,如语言差异、认知差别、情感障碍、观念冲突等。

8.3 公关策划常用技巧

8.3.1 公关策划的创意来源

公关策划是需要深入人的内心,这就要求策划的思路独具匠心、别出心裁,如何能提出丰富多彩、富有创意的公关策划呢？主要有以下几种方法。

(1)"头脑风暴"法。公关策划中最常用的产生创意的方法就是"头脑风暴法"。头脑风暴法是利用群体共同探讨和研究,通过相互间的某些激励形式,以提供能够相互启发、引起联想的机会和条件,使大脑处于高度兴奋状态,不断地提出新颖、新奇的创意的思维方法。

(2)发散思维法。发散思维是从给定的信息中产生出新的信息,其侧重点是从同一来源中产生各种各样的为数众多的信息输出,并可能会发生转换作用。发散式思维重视问题所提供的信息与记忆中的各种信息之间的内在联系,从这种内在联系中提炼出新的信息,最常用的工具是思维导图。

(3)逆向思维法。在公关策划中,有时从事物的反面去思考问题,往往能打开思路,得到意想不到的新奇效果。

(4)联想思维法。联想是人类的一种重要的思维活动,在公关策划工作中运用联想这一思维形式,不仅有助于人们准确把握组织的公关策划目标,而且有助于在策划方案的实施中形成很强的感染力和号召力。

8.3.2 公关策划注意事项

公关策划时需要注意以下事项。

(1)目标一定要量化。公关活动特别是大型公关活动往往耗费很多人力、物力、财力资源,而没有目标就耗费巨资做活动是不可取的,目标不明确是不值得的。只有量化目标,公关活动策划与实施才能够明确方向,才会少走弯路。

(2)集中传播一个卖点。公关活动是展示企业品牌形象的平台,不是一般的促销活动,要确定活动卖点(主题),并以卖点作为策划的依据和主线。只有提炼一个鲜明的卖点,创造公关活动的"眼"并传播,才能把有关资源整合起来,从而完成活动目标。

(3)公关活动本身就是一个媒体。它具备大众媒体的很多特点,一旦活动开展起来,它就能产生良好的传播效应。在策划与实施公关活动时,配置好相应的会刊、通讯录、内刊、宣传资料等,实现传播资源整合,能提升公关活动的价值与效果。

(4)没有调查就没有发言权。不少公关公司做公关活动,因公众研究水平有限、代理费少、时间紧等原因,省略公众调查这一重要工作环节。但"没有调查就没有发言权","知己知彼,百战不殆"。公关实践表明,公关活动的可行性、经费预算、公众分布、场地交通情况、相关政策法规等都应进行详细调查然后进行比较,形成分析报告,最后作出客观决策。

(5)策划要周全,操作要严密。公关活动给我们的成功或失败的机会只有一次。公关活动不是拍电影、电视,不能重来,每一次都是现场直播,一旦出现失误无法弥补,绝不能掉以轻心。

(6)化危机为机遇。发生紧急事件时,要随机应变,不要手忙脚乱,不要抱怨,应保持头脑清醒,要冷静,迅速查明原因并确认事实的真相。

（7）全方位进行评估。除实施效果外,还要评估活动目标是否正确、卖点是否鲜明、经费投入是否合理、投入与产出是否成正比、公众资料搜集是否全面、媒体组合是否科学、公众与媒体关系是否更加巩固、社会资源是否增加、各方满意度是否量化等。这样公关活动的整体效果才能体现出来。

（8）用公关手段解决公关问题。注意,公关和营销不是一回事。公关是社会行为,营销是经济行为,公关活动关注公众,促销活动关注消费者,公关与市场区别较大,营销的手段不适用于解决公关问题。

8.3.3　公关策划方案的撰写

策划方案是策划过程的书面体现,也是策划最终的表现形式。一个好的策划方案能够吸引客户或领导。策划方案的灵魂是创意,应该尽可能简洁,减少文字叙述而较多采用图表、照片以及音频、视频等媒体的形式使得方案看起来更加直观、生动。一个完整的策划方案应包括以下部分。

（1）设计活动主题。一次公关活动往往是由多个项目组成的,所有项目必须突出一个中心主题,并且使所有行动围绕这一主题,形成整体合力,避免各个行动中心不一、作用分散以致互相抵触。

（2）设计具体活动项目。公关项目一般指单个的具体形式的活动。设计具体活动项目是策划中最本质、最灵活也最富技巧的关键行动。它主要确定5个问题：开展什么形式的活动？有多少项目？如何开展？项目之间如何衔接？如何使活动有新意、有特色、与众不同？

（3）选择行动时机。任何活动都是在一定时空的范围内展开的,时空里的诸多因素都会对活动产生积极或消极影响。公关策划必须考虑时机,以求充分利用一切有利因素,实现最佳效果。

（4）确定大众传媒。公关宣传离不开大众传媒,选择大众传媒应当要考虑公关目标、受众特点、传播内容、媒介特点、自身经济条件等因素,合理利用大众传媒以扩大影响。

8.4　公关策划效果评估

8.4.1　公关策划效果评估内容

公关策划效果的评估内容包括：计划设计的评估、目标是否适合、对于目标公众层的影响、行动方案与目标的一致性、有利资源的合理利用、预算费用的运用情况、预期效益的实现情况等方面。公共关系策划活动评估包括以下几方面内容。

（1）定性评估是采用定性的方法,对不便于进行量化的评估对象作出相应的价值判断。如采用观察法、谈话法、综合分析等方法取得资料信息,然后作出价值判断,以达到评估目的。这种评估方法具有对被评估人或内容进行定性描述的特点。

（2）定量评估是采用定量计算的方法,搜集数据资料,然后用数学的方法作出定量结论的评估。信息测量与统计的方法、模糊数学的方法,都是定量评估中经常运用的方法。

（3）状态评估是对主要公众关系状态进行评估研究，旨在通过各类公众关系的变化来评估以往公关工作的成效，公众关系状态的评估应分两步进行，即内部公共关系评估与外部公共关系评估。内部公共关系评估包括：组织的政策在沟通中被全员接受的程度、员工的士气、组织的凝聚力等；外部公共关系包括：消费者关系评估、能否看清消费者的态度、行为变化特点等。

公关策划效果的评估是公关策划工作程序中一个不可或缺的环节，它是用已经确定的目标标准对在一定时间内所取得的成绩进行对比。通过评价，对企业公关机构以至公关人员所取得的成绩给予准确的评价。这不但有助于总结经验，再接再厉，力争取得更好的成绩，同时也可以激发公关人员个人的积极性、主动性和创造精神。公共关系效果的评估应贯穿于整个活动过程，它是智能产品企业对其公关活动及其效果的分析、评价和总结。

8.4.2 公关策划效果评估方法

公关策划效果评估方法主要有以下几种。

（1）自我评估法是指开展公关活动的组织对自己所开展的公关活动效果所进行的评估。既可以通过计划与实际业绩对比进行评估，也可以通过观察公众言行举止变化进行评估，还可以通过搜集对比各种统计数字进行评估。

（2）专家评估法，即邀请有关专家对组织开展公关活动的效果进行评估。专家通过对计划实施的对象进行调查，与实施人员交换意见，最后撰写出评估报告，以鉴定公共关系活动的成效。

（3）实施人员的评估，公共关系计划的实施人员经常自行对公共关系计划和实施的进展情况进行评估。这种评估能够及时地、充分地利用实施过程中的实际情况对该项活动的影响效果进行判断。

（4）公众评估法，通过公众意见调查来间接推断公关活动的效果。可通过科学的公众舆论调查、问卷调查、电话调查、抽样调查或公众代表座谈会、访问目标公众等形式进行公众评估。

（5）新闻媒介推断法，通过新闻媒介的报道和传播来间接评估组织开展公关活动的效果。具体内容是通过统计新闻报道的数量、方法、反响等，推测新闻界对组织的重视程度、影响范围、社会效果。

（6）外部信息反馈法，通过外部环境对组织的信息反馈来评估公共关系的效果，如利用公众意见簿、采访记录、电话访问、公众行为变化等途径反馈对组织公关活动的评估。

8.4.3 公关策划效果评估步骤

公关成果的评估视公关工作的内容而定，其具体细节是繁杂琐碎的，几乎可涉及日常公关活动的一切内容。

（1）重温公关目标。公关目标是评估公关效果的标尺。根据这把尺子，来检查公关目标是否实现了。在评估时既不要抬高标准，也不要降低标准。

（2）收集和分析资料。公关人员可以运用在上文中介绍的调查研究的方法，收集关于公众的各项资料（如知名度、美誉度资料、态度资料和行为资料），然后进行分析比较，看哪些达到了原来的目标，哪些还没有达到，哪些甚至超过了预期的效果，原因何在？

(3) 向决策部门报告分析结果。负责评估工作的公关人员必须如实地将分析结果以正式报告的形式报告给决策部门以至企业的最高决策层。

(4) 把分析结果用于决策。这是企业公关工作评估的最后一个步骤,也是最终目的。分析的结果,一方面用于别的或将要制定的公关项目,另一方面用于企业总目标、总任务的调整。

8.5 课后习题

1. 简述公关策划的创意来源。
2. 简述公关策划效果的评估方法。

第9章

新零售时代下的智能产品营销

9.1 新零售概念

9.1.1 新零售发展

1. 零售发展阶段

零售业由"旧"向"新"不断迈进,零售三要素也经历了从"货、场、人"到"场、货、人",再到"人、货、场"三个阶段的演进。

第一阶段:"货、场、人"(产品为王)——生产者主权时代。在改革开放初期,生产力低下,所有商品都很稀缺,有钱都不一定能买到东西,市场经常出现供不应求的现象,造成商品稀缺,因此"货"便成了零售业的核心。企业经营理念都以产品为中心,生产者是整个产业链上的权力中心,有货就不怕没销路。

第二阶段:"场、货、人"(渠道为王)——销售者主权时代。在改革开放时,制造企业快速兴起,于是市场上的商品数量迅速增加,品牌商、厂商开始大力发展零售渠道,于是出现直营、加盟、代理、批发等渠道形式,谁的零售渠道强,谁就掌握话语权,这个时代就是以渠道为王的时代。

第三阶段:"人、货、场"(用户为王)——消费者主权时代。在当今时代,生产力极高,各种商品种类数量丰富;互联网的兴起使得线上线下的零售渠道飞速增加,以前的产品为王、渠道为王已经难以为继,于是用户为王的时代来临。消费升级的大背景下,技术升级促使线上线下深度融合成为可能,新零售以消费者为中心、以人为本。只有满足消费者的个性化需求,提供优质的产品与服务才有出路。

2. 新零售的提出

新零售是近些年提出的一个新的概念。随着互联网技术和商业模式不断完善,不少企业想要向新零售转变,但对概念理解片面或偏差,导致转变失败。例如,有些企业认为只靠加入智能元素就能增强用户体验,要知道智能技术只是吸引消费者的因素之一,只是营销战术,并不是零售战略,只靠增加"智能元素"作为噱头是难以成功的。

什么是新零售？新零售的核心是什么？新零售的关键点是什么？2016年马云明确提出了"新零售"定义，此后"新零售"席卷了大街小巷，成为人们津津乐道的谈资。

新零售，即公司以互联网技术和理念为基础，根据应用互联网大数据、人工智能技术等优秀方式方法，对货品的生产制造、商品流通与市场销售全过程开展升级改造，从而重构商圈构造与生态链，并对线上线下服务项目、线下推广感受及其智慧物流开展创新发展的零售新方式。

3. 新零售的核心要点

新零售具有以下核心要点。

（1）消费者在哪，产品就在哪里。以消费者为导向，把握市场需求，决定产品。

（2）提升整个消费者的效率。消费者从接触产品信息到实施购买行为经历的一个决策旅程，分为认知、了解、比较、购买四个阶段。借助互联网平台，迅速提升整个过程的效率，加速销售转化。

（3）新零售就是基于数据驱动的，是对于商业三个要素人、货、场的重构。

概括而言，新零售是线上平台与线下通路相结合，借助物流网络，实现深度融合的营销模式。线上平台涉及电商平台、内容电商、支付平台等元素，以数字营销、移动营销、付费媒体的形式吸引消费者关注与购买；线下通路是在超市、便利店、商场等，以户外广告、促销地推、个人销售的形式售出产品与服务，借助物流网络中的快递、储物空间和客户关系管理，将线上线下深度结合。

9.1.2　新零售与传统零售的区别

新零售是相对于传统零售而言的。那么，新零售与传统零售有什么不同呢？这主要体现在以下几点。

（1）数据化。新零售与传统零售的一个重要区别，就是人、货、物三个要素是否数据化。在新零售业态中，每一个消费者在不同场景的消费行为都会被记录，每一件商品的变动都会被实时监控，从而形成这些数据。商家可以更好地洞察消费者，及时预测其需求的变化，为其提供更好的消费体验，从而增强消费者的黏性。对传统零售而言，它很难做到这一点。传统零售商不能有效地收集监控消费者的行为，虽然也能获得一些数据，但其数据的粒度、宽度、广度、深度都非常有限，没有时效性，对商家提供不了太大帮助。

（2）方式区别。传统零售早期的"行商"（如"担货郎"）、"坐商"（如门店），都是靠"体力"形成销售。新零售强调"全触点"概念，买和卖不是靠"体力"，而是通过"鼠标"、语音、VR甚至脑电波来实现。全触点是新商业的未来。

（3）场景不同。传统购物场景是到店、拿货、付款、走人，行为复杂，但流程简单。新零售场景因为时间和空间的变化，复杂得多，一个环节都不能掉链子，要深度闭合，玩法也比较多。新零售场景包括门店购、App购、小程序购、店中店触屏购、VR购、智能货架购、直播购等。

（4）时间、空间的不同。传统零售消费者只能在规定的时间、固定的场所买到商家存在的商品。新零售模式下，消费者在任何时间、任何地点、用任何方式购物——想买就买，并且可以到店自提、门店配送、快递配送、定期送等，即使缺货，也不影响先下单。这是和传统零售完全不同的。

9.1.3 智能产品营销的步骤

智能产品营销需要遵循以下步骤。

(1) 熟悉产品。了解智能产品的相关配置、信息、操作方法以及需要注意的事项等。提升专业水平,熟练应用各种专业术语,以良好的专业水准获得用户认可。

(2) 服务态度。面对形形色色的用户,保持良好的服务态度,让用户感受到亲切、热情,这样可以拉近用户的关系,让用户感到安心和舒心。

(3) 学会沟通。提升自己的沟通技巧,在与客户交流关于智能产品的时候,可以熟练地了解用户的需求、意愿,做到随机应变,从容回答用户所提的各种问题,为客户留下好的印象。

(4) 产品演示。对智能产品能够熟悉掌握操作方法,与客户交谈的时候可以熟练操作,向用户展示智能产品的性能、作用、操作方法。让客户更加深入地了解智能产品。

(5) 网络推广。可以在电视、网络上播放智能产品的广告,利用各方广告宣传的方式。可以利用网络直播、录制小视频等形式向消费者展示智能产品的优势、特点以及带来的各种好处。

(6) 销售。寻求合作伙伴,通过各大门市来代理销售,也可以入驻各大电商平台,通过线上、线下相结合的方式进行销售。拓展智能产品的销售渠道。

9.2 新零售时代下的智能产品营销思维

行业中各种"互联网营销"和"新零售教材"都会介绍很多营销思维,但是万变不离其宗,"新零售"来自互联网,互联网不只是指技术,更是一种理念,甚至可以说是一个"时代"。所以新零售时代下的智能产品营销思维,最推荐大家掌握的是行业内赫赫有名的"互联网思维之独孤九剑"。其中,"九剑"是指九种互联网思维,这九种思维模式分别是用户思维、简约思维、迭代思维、极致思维、流量思维、社会化思维、大数据思维、平台思维、跨界思维。每种思维又包含若干个"法门"。

9.2.1 用户思维

用户思维是互联网思维的核心,其他思维都是围绕用户思维在不同层面的展开。用户思维是指在价值链各个环节中都要"以顾客为中心"去考虑问题。

(1) 用户思维的第一个法门:得普通用户者得天下。在互联网时代之前,企业一般认为得"大客户"得天下,但是在互联网时代,普通用户突然成了最大的市场——"得普通用户者得天下"。普通用户有很强的"过上好日子"的冲动,但限于现有经济实力和社会地位,还达不到"富裕"的程度,这就给了很多企业新的机会。例如,当年智能手机刚刚兴起时,很多人买不起 iPhone,但是还想用智能手机,这就给了小米机会,小米迅速占据了"普通用户智能手机"市场,并在日后不断壮大。图 9-1 为小米的 Logo。

图 9-1　小米的 Logo

(2) 用户思维的第二个法门:"兜售参与感"。仍以小米为例,当年小米在论坛上发起讨论,让用户在论坛上提出自己对手机的设计意见,定期选取合理的意见进行开发,让用户既是消费者,又是设计者,打造了大批粉丝。

抛开智能产品,有一个在行业里很有名的例子,有一家叫"埃瓦尔"的小型西班牙足球俱乐部,小到什么程度?他们的主场只能容纳5240人。经过努力,这支球队成功升入西班牙足球甲级联赛,但"西甲"要求每支球队缴纳210万欧元的保证金,埃瓦尔队规模太小无法支付这笔费用。他们想出了一个办法,通过互联网向全球集资——"你想成为一家西甲球队的股东吗?"一场真人版的"足球经理"游戏开始上演,共有来自48个国家的将近一万人购买埃瓦尔的股份,一共凑了198万欧元。埃瓦尔俱乐部在渡过难关的同时,每当有关注度比较高的比赛的时候,都会向全世界的股东发表感谢,甚至还邀请各国股东到现场观战。通过这种方式,埃瓦尔让大量球迷参与到了球队建设中,不仅度过了经济难关,还在全球培养了大批球迷,如图9-2所示为中国股东前往埃瓦尔主场观赛的照片。

图 9-2　中国股东应邀前往埃瓦尔主场观赛

(3)用户思维的第三个法门:用户体验至上。例如微信和支付宝,让用户非常方便地操作和使用,并且集成了大量实用的功能,这为他们赢得了大量的用户和流量,也打造了属于他们自己的智能APP帝国。

由上可知,互联网时代,几乎任何产品的设计和销售都会用到"用户思维",其他思维也一样。受制于篇幅原因,其他八种思维和"法门"不再列举详细例子,大家可以根据平时经验发掘和思考。

9.2.2　简约思维

在产品规划和品牌定位中,要力求专注和简单。对于产品设计,则力求简洁和简约。简约,意味着人性化。

(1)简约思维第三个法门:专注、少即是多。大道至简,越简单的东西越容易传播,越难做。专注才有力量,才能做到极致。尤其在产品诞生初期,做不到专注,就不可能生存下去。

(2)简约思维第二个法门:简约即是美。外在部分,要足够简洁;内在部分,操作流程要足够简化。人性都是懒的,你能让我少走一步,我就更愿意用这个产品。简约意味着人性化,是人性最基本的东西。

9.2.3　极致思维

极致就是把产品和服务做到最好,超越用户预期。只有极限思维,才有极致产品。打造让用户尖叫的产品和服务就是最好的营销。

(1)极致思维第一个法门:打造让用户尖叫的产品。这就需要把握用户的痛点(用户需求必须是刚需,是用户急需解决的问题)、用户的兴奋点(给用户带来兴奋的刺激)、用户的痒点(工作和生活中的别扭之处,既乏力又欲罢不能)。针对以上三点进行营销策略的设计。

(2)极致思维第二个法门:服务即营销。超越用户预期的服务,能了解并进入用户的内心世界,彼此可以感同身受,胜过千万句的广告词。

9.2.4 迭代思维

迭代思维体现在两个层面,一个是"微",小处着眼,微创新;一个是"快",天下武功,唯快不破。传统企业需要一种迭代意识,无论是何种形式的产品设计或营销方案,都需要及时甚至实时地把握用户需求。

(1) 迭代思维第一个法门:小处着眼,微创新。产品和对应的营销方案可以不完美,但只要能从用户需求点出发,把一个问题解决好,有时候就是四两拨千斤,这种单点突破就叫"微创新"。众多的"微创新"可以引起质变,形成变革式的创新。

(2) 迭代思维第二个法门:天下武功,唯快不破。对于互联网时代而言,速度比质量更重要,客户需求快速变化,因此,不追求一次性满足客户的需求,而是通过一次次的迭代让产品和对应的营销方案更加丰满。

9.2.5 流量思维

流量意味着体量,体量意味着分量。免费往往是获取流量的首要策略。量变才能引起质变,营销的最高艺术是让产品坚持到质变的"临界点"。

(1) 流量思维的第一个法门:免费为了更好地收费。营销的本质就在于"赚钱",为什么到了互联网时代强调"免费"了呢?想做互联网,应该先让用户端没有成本,这样在产品上会不断产生创新,然后再来建立其他的商业模式。这才是互联网和移动互联网的法则。360安全产品就是打破"付费防火墙"的模式,一举击败其他对手,成为国内桌面安全领域的翘楚。

(2) 流量思维的第二个法门:坚持到质变的"临界点"。互联网企业最美妙的事情就是当用户达到一定的规模之后,突如其来的"质变"。QQ从一个聊天工具变成了一个社交平台,微信从一个语音工具变成了一个"互联网入口"(可以通过微信接入医疗、娱乐、付费、金融等领域),成就了腾讯帝国。

9.2.6 社会化思维

社会化商业时代已经到来,互联网企业纷纷加速了布局。利用社会化媒体,可以重塑企业和用户之间的沟通关系。利用社会化网络,可以重塑组织管理和商业运作模式。

(1) 社会化思维第一个法门:"人人都是自媒体"。社会化媒体的本质就是"人人都是自媒体"。传统媒体的控制权消解,新媒体时代内容为王,消费者用转发、分享和点赞来投票。公司面对的用户是以网状结构的社群形式存在的,这就要求营销人员的脑海中要有"病毒式信息传播"的意识,让每个用户都成为产品和销售理念的传播者。

(2) 社会化思维第二个法门:"众包协作"。众包是以"蜂群思维"和层级架构为核心的互联网协作模式,"猪八戒网"就是典型的众包协作,如图9-3所示。智能产品企业要思考如何利用"外脑",不但可"天下贤才入吾彀中",还可以广泛扩大产品的参与感和知名度,为销售打开新渠道。

图 9-3　猪八戒众包网站

9.2.7　大数据思维

大数据的价值不仅在于"大"，还在于挖掘和预测的能力（如第 2 章所介绍）。大数据思维的核心是理解数据的价值，通过数据处理创造商业价值。数据资产成为核心竞争力，小企业也要有大数据。

（1）大数据思维的第一个法门：数据资产成为核心竞争力。用户在网络上一般会产生信息、行为、关系三个层面的数据，这些数据的沉淀，有助于企业进行预测和决策。在大数据时代，数据已经成为企业的重要资产，甚至是核心资产。

（2）大数据思维的第二个法门：大数据驱动运营管理。大数据时代，企业战略将从"业务驱动"转向"数据驱动"。用户访问行为数据信息背后隐藏着必然的消费行为逻辑，大数据分析能获悉产品在各区域、各时间段、各消费群的库存和预售情况，进而进行市场判断，并以此为依据进行产品和销售方法的调整。还可以通过舆情分析的等方法，了解用户的真实需求，进一步打开市场。图 9-4 为使用百度指数了解某个关键词（如"中医养生知识"）的搜索人群画像。

9.2.8　平台思维

平台是互联网时代的驱动力。平台战略的精髓，就是构建多方共赢的平台生态圈。让企业成为员工的平台。

（1）平台思维的第一个法门：构建多方共赢的平台生态圈。平台模式的精髓，在于打造一个多主体共赢互利的生态圈。未来商业竞争不再只是企业与企业之间的肉搏，而是平台与平台之间的竞争，甚至是生态圈与生态圈之间的战争，单一的平台不具备系统性竞争力。

（2）平台思维的第二个法门：把企业打造成员工平台。特别是对于产品设计和销售能力突出的人，务必要以"养狼"的方式培养。要打造一个充满刺激、竞争的森林，让"狼"能在一定范围内自由开拓、优中选优。

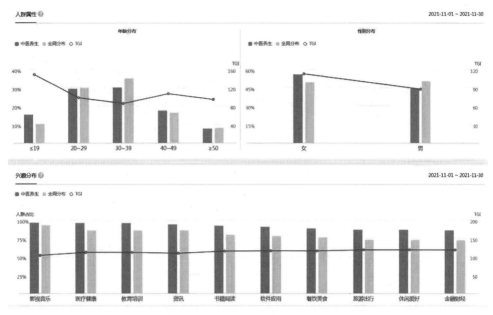

图 9-4 使用百度指数了解人群画像

9.2.9 跨界思维

互联网企业的跨界颠覆,本质是高效率整合低效率。寻找低效点,打破利益分配格局。携"用户"以令"诸侯",敢于自我创新、主动跨界。

(1) 跨界思维的第一种法门:寻找低效点,打破利益分配格局。互联网颠覆本质上是对传统产业要素的重新分配,是生产关系的重构,从而提升运营效率和组织效率。互联网跨界进入的时候,思考的都是怎么能够打破原来的利益分配,干掉最大利益方,这样才能重新洗牌。

(2) 跨界思维的第二种法门:携"用户"以令"诸侯"。跨界的互联网企业,一方面掌握用户数据,知道用户的收入情况、信用状况、社会关系、购买行为数据等;另一方面他们又具备互联网思维,懂得从始至终关注用户需求和用户体验,也就自然能够挟"用户"以令"诸侯"。

(3) 跨界思维的第三种法门:敢于自我颠覆,主动跨界。传统企业的领地,正在越来越多地被互联网公司所侵蚀,甚至一些占据明显优势的传统企业,也难以抵挡互联网新生代的冲击。

以上即为互联网九种思维及各个法门。有的思维可以直接用在新零售时代的智能产品销售上,有的需要理解之后逐步付诸实践。但这九种思维确实是互联网时代中,每个从业者工作时必须考虑的出发点。希望大家能好好体会。

9.3 新零售时代下的智能产品营销模式

9.3.1 新零售模式下智能产品的营销方式

打破现有的传统营销方式,采用真正的"线上+线下"营销模式,做好优势互补,利用现有的"大数据、云计算"等先进科技，在选择消费群体、主动营销、吸引聚焦等方面做到"创新、个性、体验、方便"，才能在越来越多新零售企业中崭露头角，为长久健康运营打下良好基础。图 9-5 即为"线上＋线下"相结合的各种营销模式。

(1) 线上营销
利用规模较大、整体正规的线上平台作为整体线上运营平台

(2) 线下营销
独特的整体营销模式，不再单纯以折扣模式吸引顾客，结合线上大数据平台

(3) 体验营销
采用多处体验模式，凸显参与性与独特个性化，结合现有零售业先进的成功

(4) 智能营销
充分利用二维码、条形码等新形式链接渠道，推广扫码了解

图 9-5　新零售时代营销方式

9.3.2　新零售模式下各个要素的需求

不同的运营体系必然有不同的综合需求，达到需求后才能对整体运营带来极大便利。

（1）运营团队：经过培训发展有经验的运营团队，在各个岗位上安排相对专业的人才，发挥自身主观能力。

（2）供应链：完善的持续性供应渠道，无论供应产品还是供应物流、配送渠道都要求其完整完善并可靠。

9.4　课后习题

1. 简述新零售与传统零售的区别。
2. 简述互联网九种思维。

第10章

智能产品采购管理

10.1 智能产品采购需求

要进行采购,首先要弄清需求者究竟需要什么、需要多少、什么时候需要的问题,从而明确应当采购什么、采购多少、什么时候采购以及怎样采购的问题,得到一份确实可靠、科学合理的采购任务清单。这个环节的工作就叫作采购需求分析。

进行采购需求分析有多种方法,如运用采购需求表、统计分析法、ABC 分析法等。

10.1.1 运用采购需求表

"采购需求表"有的是定期报,如本周报下周的计划、这个月报下个月的计划、今年报明年的计划。有的是不定期报,什么时候想起来需要买什么东西,就填一张如图 10-1 所示的采购需求表,然后把它交到采购部。

政 府 采 购 货 物 需 求 报 价 表(一)

投标单位:(盖章) 单位:元

序号	项目名称	主 要 规 格 及 要 求	数量	备选品牌	投标单价	投标总价	质量保证及服务承诺
	电动跑步机	(1) 2.5匹直流马达、交流电源。 (2) 需配置按摩器。 (3) 显示面板为LED显示屏。 (4) 速度:1~15km/h。 (5) 坡度范围:0~15°。 (6) 允许体重:120/kg。 (7) 备紧急停止功能	2台	开普特、汇祥 龙康、军霞			
	三站式综合训练器	(1) 器材整体组装后可供3人同时使用,3组配重,各站位间无任何干涉现象。 (2) 训练功能及管材、规格等均符合国家标准或行业标准	1台	开普特、汇祥 康林、军霞			
	合 计						

法定代表人或委托代表人(签字): 联系人及电话: 投标日期:

图 10-1 采购需求报价表举例

采购部收齐了这些采购需求表以后,把所有需要采购的物资分类整理,统计出来。这样就弄清了需求什么、需要多少、什么时候需要的问题。这样的操作过程虽然可以达到解决问题的目的,但存在以下几个弊病。

(1) 这种方式兴师动众,往往要麻烦很多人,造成了人力资源的浪费。

(2) 只要有一个部门的采购需求表没收齐,采购部就不能进行需求的整理统计,不能得出统一的需求计划,往往贻误最佳采购时机。

(3) 交上来的表往往不准确、不可靠,影响采购的效果。

10.1.2 统计分析

在采购需求分析中用得最多、最普遍的方法就是统计分析。统计分析的任务是根据一些原始材料来分析求出客户或业务部门的需求规律。在实践中,统计分析通常有以下两种方法。

(1) 对采购申请单汇总统计。现在一般的企业采购都是这种模式,要求下面各个单位每月提交一份采购申请表,提出每个单位自己下个月的采购品种数量。然后采购科把这些表汇总,得出下个月总的采购任务表,再根据此表制定下个月的采购计划。

(2) 对各个单位的销售日报表进行统计。对流通企业来说,每天的销售就是用户对企业物资的需求,需求速率的大小反映了企业物资的消耗快慢。因此,从每天的销售日报表中就可以统计得到企业物资的消耗规律。物资消耗规律也就是物资采购需求的规律。

10.1.3 采购 ABC 分析法

一个企业除了生产所需要的原料外,还有办公用品、生活用品等。因此需要采购的物资品种是很多的。但是,这些物资的重要程度是不一样的。有的特别重要,不能缺货,一旦缺货将造成不可估量的损失;有的物资则相对不那么重要,即便缺货,也不会造成太大的损失。

面对这样的情况,采购人员在进行采购管理时该怎么处理呢?这时候最有效的方法,就是采用 ABC 分析法,将所面对的成千上万的物资品种进行 ABC 分类,并且按类别实行重点管理,用有限的人力、物力、财力去为企业获得最大的效益。

ABC 分析法在实际运用过程中,通常可以参照以下步骤进行。

(1) 为确定 ABC 分类,首先要选定一个合适的统计期。统计期的选定应遵循几个基本原则:比较靠近计划期、运行比较正常、通常情况取过去一个月或几个月的数据。

(2) 分别统计所有物资在该统计期中的销售量、单价和销售额,并对各种物资分别制作一张 ABC 分析卡,填上名称、销售数量、销售金额。

(3) 将 ABC 分析卡按销售额由大到小的顺序排列,并按此顺序号将各物资填上物料编号。

(4) 将所有 ABC 分析卡依次填写到 ABC 分析表中并进行统计。

10.1.4 物资消耗额定管理

物资消耗定额管理也是一种需求分析的好方法。通过物资消耗定额,就可以根据产品的结构零部件清单或工作量求出所需要的原材料的品种和数量。

所谓物资消耗定额,是在一定的生产技术组织的条件下,生产单位产品或完成单位工作量所必须消耗的物资的标准量,通常用绝对数表示,如制造一台机床或一个零件消耗多少钢材;有的也可用相对数表示,如在冶金、化工等企业里,用配料比、成品率、生产率等表示。

10.2 智能产品采购预算

10.2.1 智能产品采购预算的目的

采购预算是指采购部门在一定计划期间(年度、季度或月度)编制的材料采购的用款计划。采购预算应以付款的金额来编制。

采购部门可以凭采购预算进行采购和控制采购用款支出,并使财务部门据此筹措和安排所需资金,协调采购与财务部门之间的关系。采购预算有助于保证资金需求计划的正确性。

10.2.2 智能产品采购预算的类别

采购部门中主要有4个领域涉及预算。

(1) 原料/库存。原料预算的时间通常是一年或更短。预算的金额是基于生产或销售的预期水平以及来年原材料的估计价格来确定的。这就意味着实际上有可能偏离预算,因此,很多企业采用灵活的预算来调整实际的生产和实际的价格。

(2) MRO供应。MRO表示维护(Maintenance)、维修(Repair)、运行(Operation)。通常是指在实际的生产过程中不直接构成产品,只用于维护、维修、运行设备的物料和服务。MRO是指非生产原料性质的工业用品。例如办公用品、润滑油、机器修理和门卫等。MRO预算通常由以往的比例来确定,然后根据库存和一般价格水平的预算变化来调整。

(3) 资本预算。固定资产的采购通常是支出较大的部分。好的采购活动和谈判能为组织节省很多钱。通过研究可能的来源以及与关键供应商建立密切的关系,可以建立既能对需求做出积极响应又能刚好满足所需花费的预算。

(4) 采购运作预算。采购职能的运作预算包括采购职能业务中发生的所有花费。通常,这项预算是根据预期的业务和行政的工作量来制定的。这些花费包括工资、空间成本、供热费、电费、电话费、邮政费、办公设施、办公用品、技术花费、差旅与娱乐花费、教育花费以及商业出版物的费用。

10.2.3 智能产品材料采购预算的编制

列入采购预算的各种材料的采购数量和金额,以企业进行生产和经营维修所需的原材料、零部件、备件等的采购数量和金额为主。物料采购预算表如图10-2所示,材料采购预算通常根据以下依据编制。

(1) 计划期间生产和经营维修所需材料的计划需用量,由生产计划管理部门在销售计划的基础上根据所编制的生产计划,以及前期材料消耗资料和材料清单计算确定。

(2) 预计本期期末库存量,预计本期期末的库存量,加上由编制预算之日起至本期期末止这一期间的预计收入量,再减去同期预计发出量来确定。预计本期期末的库存量即为计划期期初的库存量。

物料采购预算表

序号	物料类别	1月			2月			3月			……	12月		
		新购	预付	到期	新购	预付	到期	新购	预付	到期	……	新购	预付	到期

确认：　　　　　　　　审核：　　　　　　　　填表：

图 10-2　采购预算表

（3）计划期期末结转的库存量，由仓管和采购部门根据各种材料的安全储备量和提前订购期共同确定。

（4）材料计划价格，由采购部门根据材料当前的市场价格，以及其他各种影响因素（如国际政治经济因素、主要供应商的劳资关系和劳动力市场资源情况）来确定。

10.3　智能产品采购供应商

10.3.1　智能产品供应商开发的基本准则

采购预算制定之后就要进入采购阶段，从谁那采购呢？自然是供应商。

供应商开发的基本原则是 QCDS 评价原则，也就是质量（Quality）、成本（Cost）、交付（Delivery）与服务（Service）并重的原则。

质量因素是最重要的，首先要确认供应商是否建立一套稳定有效的质量保证体系，然后确认供应商是否具有生产所需特定产品的设备与工艺能力。其次是成本与价格，要运用价值工程的方法对所涉及的产品进行成本分析，并通过双赢的价格谈判实现成本节约。在交付方面，要确认供应商是否拥有足够的生产能力、人力资源是否充足、有没有扩大产能的潜力。最后一点也是非常重要的，就是供应商的售前、售后服务记录。

一般而言，在实际工作中，供应商开发需采用如图 10-3 所示的开发环境。

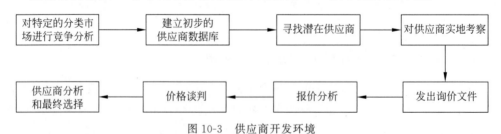

图 10-3　供应商开发环境

10.3.2　智能产品供应商管理

智能产品供应商管理中应遵循如下原则。

（1）必须与供应商建立双向沟通，要进行双向沟通，首先必须有沟通渠道。沟通渠道包括以下几种：负责沟通的部门及人员，供应商接受沟通的部门及人员，沟通的方式(包括电话、互联网、信件、联席会议、走访等)，沟通的具体规定(包括定期和不定期的)。

为保障沟通顺畅，必须清楚掌握供应商名称，供应商的地址，供应商的负责人，供应商负责沟通的部门及人员，供应商的联系电话、传真、网址，供应商提供的"采购产品目录"，供应商在"合格供应商名单"中的等级，供应商的历史表现情况，等等。

(2) 监视供应商的交货状况。所谓"监视"，就是及时了解并准确把握外包产品的交货、验证、使用情况，发现异常可以及时与供应商沟通，从而及时解决存在的问题。采购人员应当在供应商的发货部门(包括发货前的检验部门)和企业的收货部门(包括收货后的检验部门)建立信息点，其中后者是最重要的信息点。

(3) 定期对供应商考核。供应商考核是指持续不断地对现有供应商保持监督控制，看其是否能够实现预期绩效，并通过考核确定供应商等级评定。

(4) 防止供应商垄断。在与供应商相处过程中，如何防止供应商垄断也是供应商关系管理的一个重要方面。具体方法图 10-4 所示。

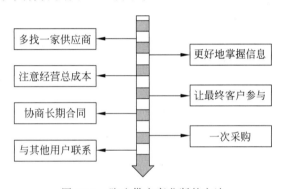

图 10-4　防止供应商垄断的方法

10.4　智能产品采购成本控制

10.4.1　智能产品采购成本的构成

采购成本是指因采购活动而引起的成本，它包括维持成本、订购成本及缺料成本。但不包括物料的价格。

维持成本是指为保持物料而发生的成本，它可以分为固定成本和变动成本。固定成本与采购数量无关，如仓库折旧、仓库员工的固定工资等；变动成本则与采购数量有关，如物料资金的应计利息、物料的破损和变质损失、物料的保险费用等。维持成本主要由图 10-5 所列项目组成。

订购成本是指企业为了实现一次采购而进行的各种活动的费用，如办公费、差旅费、邮资、电报电话费用等支出。具体来说，订购成本包括与图 10-6 所列出活动相关的费用。

图 10-5　维持成本内容

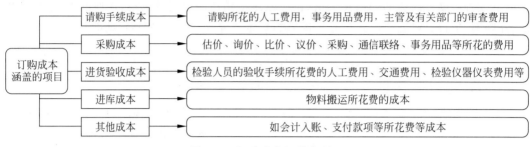

图 10-6　订购成本涵盖的项目

10.4.2　智能产品采购成本控制方法

1. ABC 分类控制法

一般来说,企业的物资种类繁多、价格不等、数量不均,有的物资品种很多但价值不高。由于企业的资源有限,因此,对所有品种均给予相同程度的重视和管理是不可能的。为了使有限的时间、资金、人力、物力等资源得到更有效的利用,应对物资进行分类,将管理的重点放在重要的物资上,进行分类管理和控制。即依据库存物资重要程度的不同,分别进行不同的管理,这就是 ABC 控制方法的基本思想。

ABC 三类物品的区分如图 10-7 所示。

类别	价值	数量
A类	高值,占采购总值70%~80%	少数,15%~20%
B类	中值,占采购总值15%~20%	居中,30%~40%
C类	低值,占采购总值5%~10%	大多数,60%~70%

图 10-7　ABC 三类物品区分表

2. 定期采购控制法

定期采购控制法是指按预先确定的订货时间进行采购、补充库存的一种采购成本控制方式。企业根据过去的经验或经营目标预先确定一个订货间隔期间,每经过一个订货间隔就进行订货,每次订货数量都不同,其中订货量的确定方法为:订货量=最高库存量-现有库存量-订货未到量+顾客延迟购买量。

3. 定量采购控制法

定量采购控制法是指当库存量下降到预定的最低库存数量(采购点)时,按规定数量进行采购补充的一种采购成本控制方式。当库存量下降到订货点(也称为再订货点)时马上按预先确定的订货量发出订单,经过前置时间收到订货,库存水平即上升。

4. 经济订货批量控制法

"经济订货批量"是使订单处理成本和存货总成本达到最小的每次订货量。订单处理成本包括使用计算机时间、订货表格、人工及新到产品的处置等费用。维持成本包括仓储、存货投资、保险费、税收、货物变质及失窃等。订单处理成本随每次订货数量增加而降低,而存货成本随每次订货数量增加而增加,因为有更多的物品必须作为存货保管,且平均保管时间也更长。这两种成本加起来就得到总成本。

5. 成本分析法

成本分析法是指就供应商所提报的成本估计,逐项作审查及评估,以保证成本的合理性与适当性。

10.4.3 智能产品采购成本降低的策略

(1) 加强成本核算。通过一些科学的方法对产品的零部件成本进行核算和评估,确保价格的合理性。如果采购人员能通过核算得出一个价格的范围,防止出现价格过高的情况,就能在采购时压低价格从而降低产品成本。

(2) 集中采购。将分散的采购工作集中起来进行,从而形成规模优势,在购买中通过折扣、让利等方式实现降低采购成本的目的。集中采购是降低采购成本的基本方法之一。

(3) 电子采购法。在信息时代,降低采购成本的方法和思路应建立在以计算机为中心的信息管理系统的基础上。即利用互联网收集和发布信息、利用互联网提高工作效率、减少人为因素的影响、实现信息共享。

10.5 智能产品采购质量管理

10.5.1 要有明确的采购质量目标

采购质量保证体系是指企业为保证和提高采购质量,运用系统的原理和方法,设置统一协调的组织机构,把采购部门、采购环节的质量管理活动严密地组织起来,形成一个有明确任务职责、权限、互助协作的质量管理有机体系。

质量目标是采购部门遵守和依从的行动指南。而质量目标确定后,就要层层下达,以保证其实施。

10.5.2 建立健全采购质量管理机构和制度

1. 采购质量机构

采购质量机构应能起到协调技术部门、使用部门与采购部门的作用,使各方面配合得更好。由于企业生产类型、规模、工艺性质、生产技术特点、生产组织形式等的不同,采购质量管理专职机构在各个企业也不一样。一般来说,可以成立由采购副总经理领导下的采购质量管理小组;或者由采购部门设立一个单独的采购质量管理机构,而这种机构是企业领导执行采购质量管理职能的参谋、助手和办事机构。

采购质量管理专职机构在采购质量管理体系中的主要职责如下。

(1) 协助采购副总经理进行日常采购质量管理工作。

(2) 开展采购质量管理宣传教育。

(3) 组织采购质量管理活动。

(4) 制定降低质量成本的目标和方案,协同财务部门进行质量成本的汇集、分类和计算。

(5) 协调有关部门的采购质量管理活动。

(6) 组织供应商的评估、采购产品的质量调查、进行采购质量评价等。

2. 建立采购质量管理制度

建立采购质量管理制度，使采购质量管理工作事事有人管、人人有专职、办事有依据、考核有标准，使所有参与人员为保证和提高采购质量而认真工作。因此各个企业根据自己的情况所规定的质量管理制度的内容也有所不同，在此主要介绍几种制度。

（1）进货检验控制制度。该制度应对进货的验收、隔离、标示、结果处理；进货检验或试验的方法及判断依据；所使用的工具量具、仪器仪表和设备的维护与使用；检验人员、试验人员的技能要求等方面作出规定。

（2）供应商选择评估制度（程序）。该制度应就供应商选择、评估、体系等进行审核并确定明确的权责人员、作业程序及结果处理办法等；

（3）采购质量记录管理制度。可按照 ISO 9000 质量管理体系的要求来对采购质量的记录进行控制。采购质量记录包括两方面：一是与接收产品有关部门的记录，如验收记录、进货检验与试验报告、不合格反馈单、到供应商处的验证报告等；二是与可追溯性有关的质量记录，如验收记录、发货记录、检验报告、使用记录（出、入库单等）。对以上采购记录一定要按相关制度的规定进行填写、传递、保管。

10.5.3 建立健全采购质量标准化体系

采购标准包括国际标准、国家标准、行业标准和企业标准。而采购标准化则意味着可以简化采购工作量，意味着采供双方在达成协议时有明确的尺寸、质量、规格。因此通过加强采购标准化工作，可以保证质量、减少采购的品种、降低库存，从而降低最终产品的成本。

采购标准化是指采购物资或服务时，尽量采购那些已经形成某种标准的产品或服务，如采购按国际标准制造的零部件，而不是去购买自由定制的零部件。因此一个标准化程序是为减少一个组织所购产品和服务种类而设计的程序。

但要注意，标准化程序的建立并不意味着选择最便宜的产品或服务作为选定标准。因为用户对这样的变化有抵触情绪，便宜的产品或服务可能代表更低的特性和特征，所以这样的选择反而会降低生产力。标准化程序应当使供应的总成本降低，因此执行标准化程序应注重这些方面，而不仅仅是注重采购价格。

10.6 课后习题

1. 简述智能产品供应商管理内容。
2. 简述智能产品采购成本控制方法。
3. 在条件允许的情况下，采用团队实验室的方式，模拟采购管理场景。

第11章

智能产品分销渠道

11.1 智能产品分销渠道概述

11.1.1 智能产品分销渠道的概念

分销渠道是指产品及其所有权从生产者向消费者或最终用户转移过程中的组织和个人所构成的通道。例如,华为生产的服务器在向最终用户销售过程中,需要"中间商"与华为和客户共同搭建中间的通道,这条通道就是分销渠道,可以让整个销售和服务过程更加顺畅。

1. 智能产品分销渠道的特征

智能产品分销渠道具有以下特征。

(1)分销渠道反映智能产品价值实现全过程所经由的整个通道。其起点是生产者(例如刚才例子中的华为),终点是消费者。

(2)分销渠道是一群相互依存的组织和个人。智能产品在分销渠道中通过一次或多次购销活动转移所有权,流向消费者。

(3)分销渠道的实体是购销环节。购销次数的多少,说明了分销渠道的层次和参与者的多少,表明了分销渠道的长短。

(4)分销渠道是一个多功能系统。它不仅要发挥调研、购销、融资、储运等多种职能,还要在适宜的地点,以适宜的价格、质量、数量提供产品和服务,满足目标市场需求,而且要通过分销渠道各个成员的共同努力,开拓市场,刺激需求,同时还要面对系统之外的竞争,进行自我调节与创新。

2. 智能产品分销渠道与智能产品营销渠道的区别

智能产品分销渠道与智能产品营销渠道的区别,如图11-1所示。

(1)分销渠道是指取得某种货物或劳务的所有权或者帮助转移其所有权的所有企业和个人。

(2)营销渠道是指那些配合起来生产、分销和消费某些货物或劳务的所有企业和个人。

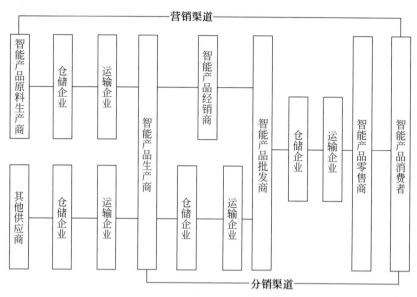

图 11-1 营销渠道与分销渠道

11.1.2 智能产品分销渠道的参与者

智能产品分销渠道是由一组关键性参与者所组成的,其中包括智能产品制造商、中间商和终端用户。

1. 智能产品制造商

智能产品制造商作为渠道源头,是渠道的重要成员。智能产品制造商因为出售所生产出来的智能产品而参与渠道活动,会牵涉到智能产品分销渠道流程中的实物流、所有权流、促销流、资金流、谈判流和信息流等。

智能产品制造商往往是"渠道领袖",在建立和保持渠道关系方面起着组织者和核心的作用。但是,随着社会环境的发展变化,有些智能产品制造商逐渐失去了"渠道领袖"的地位;相反,渠道中的各类中间商正在承担起更多的渠道职能,为渠道增值。因此,许多智能产品制造商往往希望中间商拥有使它们的智能产品能够迅速、高效地到达市场的终端用户手中的能力。

2. 中间商

智能产品分销渠道中,除制造商和终端用户以外的所有其他渠道成员都被称为中间商。中间商按照所承担的渠道功能的不同,可以分为批发商和零售商。

批发商向渠道中的零售商和渠道终端用户销售智能产品。批发商又可以分为多种不同的形式,不过主要分为经销商和代理商两大类。经销商承担着智能产品促销、融资、订货和支付等渠道功能,拥有智能产品所有权。而代理商并不拥有智能产品所有权,其主要承担渠道中的促销和谈判功能。

零售商是分销渠道中形式最多样、变化最迅速的成员。直接向最终消费者进行个性化的销售。

随着最终消费者消费习惯和购买行为的变化,零售商的经营模式和所承担的渠道功能发生了巨大的变化。一方面,众多的零售商所承担的渠道功能在增加,从而在渠道系统中扮演着越来越重要的角色;另一方面,成功的零售商在有效地整合其上游的智能产品供应商资源后,形成更稳定的、富有竞争力的渠道系统。

3. 终端用户

我们在研究智能产品分销渠道时不应当忽视终端用户,无论是最终消费者还是组织购买者,都是渠道成员。渠道的设计、开发、运作和管理,归根结底都是由终端用户的需求和意见所决定的。一条没有终端用户参与的渠道是没有生命力的。

4. 渠道其他辅助性成员

多种类型的中介机构,尽管很少涉及渠道中智能产品出售的核心业务,但是它们可能会承担着部分渠道功能,例如物流和运输企业承担着实物流的功能,还有广告公司、保险公司、财务公司和银行都承担着转移渠道成员业务中的风险以及提供渠道资金流的功能,理论上也是渠道的组成部分。

上述企业构成了渠道中的辅助性成员,它们在执行各自功能的同时,也不断提供新的服务,从而提高和加强它们在渠道中的地位和作用。

11.1.3 智能产品分销渠道的作用

智能产品制造商把部分分销工作交给各类中间商去做,不仅放弃了部分获利机会,而且要承受合作中可能出现的各种风险。尽管如此,智能产品制造商在权衡利弊后,通常仍然会选择使用分销渠道,借助于中间商来销售自己的智能产品。这是因为由中间商所组成的分销渠道有其存在的客观作用,无论对于智能产品企业还是消费者,分销渠道都能带来如下利益。

(1) 减少交易次数。在没有中间商组成分销渠道的情况下,每一个智能产品制造商都必须直接与最终消费者进行交易。在分销渠道中增加了中间商以后,由于中间商可以实行集中采购、组装、配送、服务等,从而大大减少交易次数,提高交易的效率。智能产品制造商和消费者的数量越多,中间商的这个作用就越明显。图11-2 和图11-3 分别为无中间商和有中间商交易的情况。

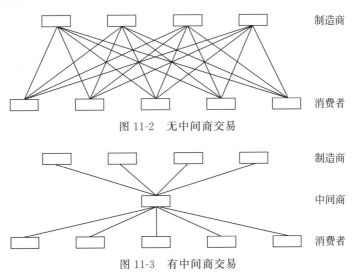

图11-2　无中间商交易

图11-3　有中间商交易

(2) 减少分销成本,规范交易。中间商所组成的分销渠道更可能实现渠道的专业化。"术业有专攻、闻道有先后",某些类型的中间商或渠道成员往往比智能产品企业更好地承担智能产品流通中的特定功能,从而提高智能产品在整个分销渠道中流通的速度,降低流通成本。渠道成员的专业化既能提高分销的效率,促使分销成本最小化,也能使交易更加规范化,减少交易风险,提高产品竞争力。

(3) 简化交易中的搜寻过程。在一个庞大的商品市场中,智能产品买卖双方都会面临一个"双向搜索"的问题。无论是智能产品制造商还是最终消费者,都需要为寻找自己合适的合作伙伴进行耗费庞大的搜索工作。中间商可以按智能产品进行组织,并向智能产品市场提供相关的市场信息,从而大大简化了买卖双方的搜寻过程。

11.1.4 智能产品分销渠道的任务

为实现智能产品分销渠道的作用,分销渠道要履行相应的任务。智能产品分销渠道的任务是连接智能产品生产者和消费者的桥梁和纽带,主要承担以下职能。

(1) 研究:收集制订计划和进行交换所必需的关于智能产品的信息。
(2) 促销:进行关于智能产品的说服性沟通。
(3) 接洽:寻找潜在智能产品购买者并进行有效的沟通。
(4) 配合:所供产品符合智能产品购买者需要,包括智能产品制造、分等、装配、包装等活动。
(5) 谈判:为了转移智能产品的所有权,而就其价格及有关条件达成最后协议。
(6) 物流:从事智能产品的运输、储存、配送。
(7) 融资:为补偿智能产品分销成本而支付相关资金。
(8) 风险承担:承担关于智能产品分销渠道工作有关的全部风险。

11.1.5 智能产品分销渠道的流程

智能产品分销渠道工作流程图如图 11-4 所示,以下介绍几个主要的流程含义,请注意流向。

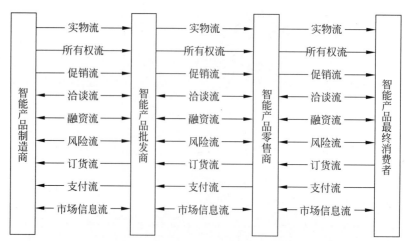

图 11-4　智能产品分销渠道工作流程

(1) 实物流。智能产品实体通过有效的装配、包装、仓储、运输、配送,顺利到达消费者的一系列活动,最重要的功能是完成智能产品实体的转移。持续、有效的实物流是提高分销效率的关键所在。

(2) 所有权流。智能产品所有权从一个渠道成员转移到另一个渠道成员手中的流转过程,智能产品只有交付给消费者,才算完成价值的让渡。

(3) 促销流。智能产品制造商采用广告、公共关系、营销推广等方式举办的促销活动,包含在智能产品分销渠道流程中。

(4) 洽谈流。智能产品渠道成员之间就所有权、渠道政策、价格、运输、付款等问题的洽谈和沟通协调。

(5) 融资流。智能产品渠道成员之间的融通资金活动流程。

(6) 风险流。分担或转移智能产品报废、丢失、返修、违约和保险等风险的流程。

(7) 订货流。智能产品渠道成员定期或不定期向供货机构发出订单形成的流程。

(8) 支付流。涉及智能产品制造商的资金政策以及与商家和消费者的资金往来。

(9) 市场信息流。智能产品市场信息的传递和共享,向消费者施加影响的各种活动。

11.1.6 智能产品分销渠道的结构类型

智能产品分销渠道的结构类型主要包括层次、宽度和系统结构三个因素。

1. 智能产品分销渠道的层次

智能产品从生产者转移到消费者的过程中,任何一个对智能产品拥有所有权或负有推销责任的机构,就叫作一个智能产品分销渠道层次。智能产品分销渠道的层次可以按照有无或者多少进行分类。

(1) 直接渠道与间接渠道。直接渠道是指没有中间商参与,智能产品由制造商直接销售给消费者的渠道,如上门推销、电视直销和网上直销等。间接渠道是指智能产品经由一个或多个中间环节销售给消费者的渠道。

(2) 长渠道与短渠道。如图 11-5 所示,分销渠道按照中间商的数量多少来分类可以分为零级渠道、一级渠道、二级渠道和三级渠道等,将零级渠道和一级渠道定义为短渠道,将二级渠道、三级渠道和三级以上渠道定义为长渠道。

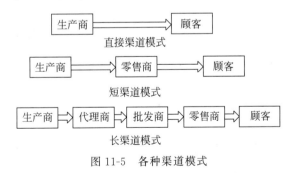

图 11-5 各种渠道模式

2. 智能产品分销渠道的宽度

智能产品分销渠道的宽度是指智能产品分销渠道的每个层次使用同种类型中间商数目的多少,这主要取决于智能产品企业希望产品在目标市场上扩散范围的大小。智能产品分销渠道的宽度按照由宽到窄可以分为以下几类。

(1)密集分销(普遍性分销策略)。智能产品制造商通过尽可能多的批发商、零售商经销其智能产品所形成的渠道。

(2)选择分销(选择性分销策略)。智能产品制造商按一定条件选择两个或两个以上同类中间商经销其智能产品而形成的渠道。

(3)独家分销(专营性分销策略)。智能产品制造商在某一地区市场仅选择一家批发商或零售商经销其智能产品而形成的渠道。

3. 智能产品分销渠道的系统结构

智能产品分销渠道的系统结构可以分为传统渠道系统和整合渠道系统,如图11-6所示。

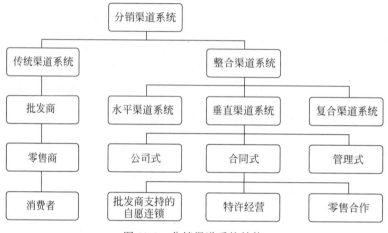

图11-6 分销渠道系统结构

11.2 智能产品分销渠道设计

11.2.1 智能产品分销渠道设计原则

智能产品分销渠道设计需要遵循以下原则。

(1)客户导向原则。智能产品企业欲求发展,必须将市场客户的要求放在第一位,建立客户导向的经营思想。这需要通过周密细致的市场调查研究,提供符合消费者需求的智能产品,同时还必须使分销渠道为目标消费者的购买提供方便,满足智能产品消费者在购买时间、地点以及售后服务方面的需求。

(2)最大效率原则。智能产品企业选择合适的渠道模式,目的在于提高智能产品流通的效率,不断降低智能产品流通过程中的费用,使分销渠道的各个阶段、各个环节、各个流程的费用合理化。这能够降低智能产品成本,取得市场竞争优势并获得最大化的效益。

(3)发挥智能产品企业优势的原则。智能产品企业在选择分销渠道时,要注意发挥自己的特长,确保在市场竞争中的优势地位。

(4)合理分配利益原则。利益分配不公常常是渠道成员矛盾冲突的根源。因此智能产品企业应该设置一套合理的利益分配制度,根据分销渠道成员负担的职能、投入的资源和取得的成绩,合理分配分销渠道合作所带来的利益。

（5）协调及合作原则。智能产品分销渠道成员之间不可避免地存在着竞争，智能产品企业在选择分销渠道模式时，要充分考虑竞争的程度。一方面鼓励渠道成员之间的竞争，另一方面又要积极引导渠道成员的合作，协调其冲突，努力使各条渠道有序运行，实现既定目标。

（6）覆盖适度的原则。智能产品企业在选择分销渠道模式时，仅仅考虑加快速度、降低费用是不够的，还应考虑是否有足够的市场覆盖率以支持针对目标市场的销售任务。

（7）稳定可控的原则。智能产品企业的分销渠道模式一经确定，便需花费相当大的人力、物力、财力去建立和巩固，整个过程往往是复杂而缓慢的。所以，智能产品企业一般轻易不会更换分销渠道模式及成员，只有保持分销渠道的相对稳定，才能进一步提高分销渠道的效益。

（8）控制平衡的原则。智能产品企业在选择分销渠道时，不能为了追求自身的效益最大化而忽略其他渠道成员的个人利益，应合理分配各个成员间的利益。

11.2.2 智能产品分销渠道设计流程

智能产品分销渠道设计流程如图11-7所示。

如分销目标、分销任务、分销渠道结构等已经介绍，这里着重介绍一下识别分销渠道设计决策的需要，也就是什么时候需要设计分销渠道。以下情况需要考虑设计分销渠道：新创建的智能产品企业、智能产品与智能产品市场发生变化、智能产品生命周期发生变化、智能产品价格政策变化、智能产品企业分销渠道政策变化以及分销渠道出现严重危机。

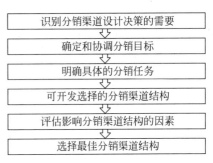

图 11-7 智能产品分销渠道设计流程

11.3 智能产品分销渠道管理

11.3.1 智能产品分销渠道管理具体内容

智能产品分销渠道管理是指智能产品制造商为实现公司分销的目标而对现有渠道进行管理，以确保渠道成员之间、企业和渠道成员之间相互协调和通力合作的一切活动。智能产品分销渠道管理的内容如下所述。

（1）供货管理。保证供货及时，在此基础上帮助经销商建立并理顺销售子网，分散销售及库存压力，加快智能产品的流通速度。

（2）促销管理。加强对经销商广告、促销的支持，减少智能产品流通阻力；提高智能产品的销售力，促进销售；提高资金利用率，使之成为经销商的重要利润源。

（3）服务支持。在保证供应的基础上，对经销商提供智能产品服务支持。妥善处理销售过程中出现的智能产品损坏、顾客投诉、顾客退货等问题，切实保障经销商的利益不受无谓的损害。

（4）订货管理。加强对经销商的订货处理管理，减少因订货处理环节中出现的失误而引起发货不畅。

(5) 订货结算管理。加强对经销商订货的结算管理,规避结算风险,保障制造商的利益。同时避免经销商利用结算便利制造市场混乱。

(6) 其他管理。包括对经销商进行培训,增强经销商对企业理念、价值观的认同以及对智能产品知识的认知。还要负责协调制造商与经销商之间、经销商与经销商之间的关系,尤其对于一些突发事件,如价格涨落、产品竞争、产品滞销以及周边市场冲击或低价倾销等扰乱市场的问题。要以协作、协商的方式为主,以理服人,及时帮助经销商消除顾虑,平衡心态,引导和支持经销商向有利于智能产品营销的方向转变。

11.3.2 智能产品分销渠道管理的任务

智能产品分销渠道管理是在智能产品企业经营活动中,根据智能产品企业的营销战略和策略,通过计划、组织、控制和协调等活动,有效地利用智能产品企业的人、财、物等资源,促进智能产品分销渠道的整体运作效率和提高效益的一项智能产品企业管理活动。

图 11-8 分销渠道管理任务

分销管理渠道的任务如图 11-8 所示。

1. 选择成员

分销渠道成员选择主要包括以下三个步骤。

(1) 广泛搜集有关智能产品中间商的业务经营、资信、市场范围、服务水平等方面的信息。

(2) 确定审核和比较的标准。

(3) 说服中间商接受各种条件。选择成员时还要考察它们的经营范围、地理位置、商品构成、职工素质及服务能力、储存、运输设备条件、资金力量、财务和信誉状况、营销管理水平和营销能力等一系列因素。

2. 处理冲突

智能产品分销渠道冲突包括:横向冲突(存在于智能产品分销渠道同一层次的渠道成员之间的冲突)、纵向冲突(智能产品分销渠道不同层次类型成员之间的冲突,如智能产品生产者与批发商之间的冲突等)。处理智能产品分销渠道冲突时要遵循以下原则。

(1) 促进智能产品分销渠道成员的合作。

(2) 高度关注智能产品分销渠道冲突。

(3) 设计解决智能产品分销渠道冲突的策略。

(4) 调整智能产品分销渠道成员。

3. 激励成员

激励智能产品分销渠道成员,要多了解智能产品中间商的特征,为中间商提供优质的智能产品,对重要的智能产品中间商给予特殊政策,并对其人员进行培训,协助其进行必要的行业或市场调查,最重要的是保证物质利益。

4. 评估成员

评估智能产品分销渠道成员,主要的评估内容包括销售量及其变化趋势、销售利润及其发展趋势、对推销本企业智能产品的态度、经销与本企业智能产品相竞争的智能产品的状况、及时发出订货单、订单的平均订货量、对智能产品用户的服务能力和态度信用的好坏、收集智能产品市场情报与提供反馈的能力如何。评估分销渠道成员主要有以下几种方法。

(1) 与上期比。将每一智能产品中间商的销售绩效与上期的绩效进行比较,并以整个群体的升降百分比作为评价标准。对低于该群体平均水平的智能产品中间商,必须加强评估并采取针对性的措施。

(2) 与计划比。将各智能产品中间商的绩效与该地区的销售潜力分析所设立的计划相比较,即在销售期过后,根据智能产品中间商实际销售额与其潜在销售额的比率,将各中间商按先后名次进行排列。这样,智能产品企业的调查与激励措施可以集中于那些未达到既定比率的中间商。

5. 调整成员

调整智能产品分销渠道成员,一般在合同到期、合同变更和解除、智能产品营销环境发生变化时进行调整。调整的内容主要是增减个别智能产品中间商、增减某个智能产品分销渠道、改进整个智能产品分销渠道网络系统。

11.3.3　智能产品分销渠道管理方法

智能产品生产者可以对其分销渠道实行两种不同程度的控制。

(1) 高度控制。智能产品生产企业能够选择负责其智能产品销售分销渠道成员的类型、数目和地理分布,并且能够支配这些智能产品分销渠道成员的销售政策和价格政策,这样的控制称为高度控制。

(2) 低度控制。智能生产企业无力或不需要对整个分销渠道进行绝对控制,智能产品企业往往可以通过对分销渠道成员提供具体支持协助来影响营销。这种控制的程度是较低的,大多数企业的控制属于这种方式。低度控制又可称为影响控制,这种控制包括如下一些内容:向中间商派驻代表、与中间商开展多方式合作。

11.4　智能产品分销渠道评估

11.4.1　智能产品分销渠道评估的定义与流程

智能产品分销渠道评估就是指智能产品企业通过系统化的手段或措施对其分销渠道系统的效率和效果进行客观的考核和评价的活动过程。

智能产品分销渠道的目的在于帮助实现智能产品企业的销售目标。对分销渠道的评估旨在建立一套与智能产品企业特定经营目标相一致的评价指标,引导渠道行为。渠道评估整体流程如图 11-9 所示。

图 11-9　渠道评估整体流程

评价指标是有效渠道管理的核心之一,一个清楚而明确的评价指标描述,如"使今年的智能产品分销渠道销售量增加 10%",为评估分销渠道成功与否、追踪渠道绩效状况提供了一个基准点,也便于智能产品企业采取补救措施,使渠道绩效与其预期值相一致。在确定渠道评估指标时,可以遵循如图 11-10 所示流程,在某些情况下,这种顺序可以变动,或者重复某些步骤以找到合适的评估指标,这个流程的目的主要还在于清楚地认识所需评估的方面,确定有针对性的指标。

图 11-10　确定渠道评估指标的流程

制定渠道绩效评定制度，渠道的绩效评定使智能产品企业管理者能够随时追踪分销渠道的绩效状况，确保其与对应的绩效指标相符，并揭示存在的绩效问题。合理绩效评定的中心概念是绩效的主要决定因素，所谓绩效的主要决定因素是指能直接并强有力地影响渠道综合绩效的渠道行为。

认清绩效差距并制定渠道行为规划，具体步骤如下。

（1）以渠道绩效指标及主要评定制度为起点，对渠道行为进行评定，以使其与绩效指标相符，记录与每种评定制度有关的渠道实际绩效。

（2）确定 18～30 个月后渠道绩效必须达到的水平。

（3）确定一系列具体的针对渠道的行为，以帮助渠道从现在的绩效水平过渡到未来的绩效水平。

11.4.2　智能产品分销渠道整体绩效评估

智能产品分销渠道整体绩效评估可以从渠道管理组织、渠道的运行状况、渠道的服务质量和渠道的经济效果四方面进行，如图 11-11 所示。前三项主要是定性分析，最后一项是从财务角度定量分析。

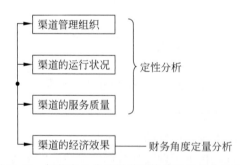

图 11-11　智能产品分销渠道整体绩效评价分类分析

（1）智能产品渠道管理组织评估。智能产品渠道管理组织的评估包括两方面的内容：考察智能产品分销渠道系统中销售经理的素质和能力；考察智能产品制造商的渠道分支结构对于渠道零售终端的控制能力。

（2）智能产品渠道运行状况评估。智能产品分销渠道的运行状况是指智能产品分销渠道成员之间的配合、协调以及积极性发挥等方面的综合表现。智能产品分销渠道运行状况评价包括渠道通畅性、覆盖面、流通能力及利用率等。

（3）智能产品服务质量评估，对智能产品服务质量的评估可以从信息沟通、实体分配服务、促销效率和顾客抱怨与处理等方面进行。

（4）智能产品经济效果评估，从评价内容上看，评估智能产品分销渠道的经济效益主要从两方面进行对比：一是评估产出，这体现在智能产品销售分析上；二是评估投入，这主要是分析分销渠道的费用。此外，通过一些财务比率，如盈利能力和资产管理效率的计算和比较，分析较深层次的原因。

从评价方法上看，渠道经济效益的评价通常主要采取两种方法：一是历史比较法；二是区域比较法。通常而言，这两种方法都比较适合于定量评估。

11.4.3 智能产品分销渠道改进策略

根据评价结果，智能产品分销渠道需要进行改进，以下五种信号标志着分销渠道需要创新或存在创新的可能。

（1）最终用户不满意。
（2）存在许多可供利用的智能产品分销渠道。
（3）智能产品分销渠道费用持续上升。
（4）现有智能产品分销商不胜任。
（5）客户关系管理方法落后。

11.5 实践——智能手环分销渠道建设实践

11.5.1 实践背景

智能手环是一种穿戴式智能设备。通过这款手环，用户可以记录日常生活中的锻炼、睡眠和饮食等实时数据，并将这些数据与基于 iOS 或者 Android 的手机、平板电脑、iPod touch 等设备同步，起到通过数据指导健康生活的作用。智能手环本体一般采用医用橡胶材质或记忆橡胶材质。两端则设有银色涂层金属帽，适合佩戴，这也让其有别于带有卡锁或者纽扣的传统手环。智能手环内部内置了一颗续航时间可达 10 天的锂电池，一个震动马达和一个动作感应加速器。手环末端小尺寸的银帽则是用于更改设置的按键，另外一段则是一个用于和手机连接的 35mm 插头。

华为集团是全球领先的信息与通信技术解决方案供应商，专注于通信技术领域，坚持稳健经营、持续创新、开放合作，在电信运营商、企业、终端和云计算等领域构筑了端到端的解决方案优势，为运营商客户、企业客户和消费者提供有竞争力的通信技术解决方案、产品和服务，并致力于实现未来信息社会、构建更美好的全联结世界。智能手环作为华为集团智能穿戴设备，采用第二代彩屏，集 AMOLED 幻彩大屏、血氧饱和检测、实时心率监测、科学睡眠监测、十项运动模式、NFC 多场景应用等多项前沿科技于一身。为了布局市场，现需要建立竞争力较强的营销渠道，如果你作为分销渠道项目经理，负责为企业建设良好的分销渠道，请你做一份分销渠道建设实践规划报告，能体现较强的综合市场竞争力。

11.5.2 实践目的

（1）了解智能手环的市场及销售情况。
（2）了解智能手环中间商及分销商。
（3）为智能手环搭建最佳的分销渠道。

11.5.3　实践内容

1. 分销渠道建设步骤

分销渠道建设主要包括以下步骤。

(1) 选择智能手环的分销渠道成员。首先要广泛搜集有关智能产品中间商的业务经营、资信、市场范围、服务水平等方面的信息;选择相应的智能产品分销渠道成员。

(2) 确定智能手环的分销渠道结构。根据智能手环产品特点、各渠道结构的特点以及顾客相应需求确定分销渠道结构。

(3) 智能手环分销渠道设计。包括确定渠道目标、指定渠道方案、选择渠道方案、评价渠道方案。

(4) 智能手环分销渠道的具体设计。列举出多种智能手环销售的具体渠道,如传统零售渠道、商品展览会、网上商城销售等。

(5) 确定分销渠道的管理方案。根据智能产品分销渠道管理主要任务及智能手环分销渠道销售情况下容易出现的问题,确定出相应的分销渠道管理方案。

2. 渠道管理方法

渠道管理中可采用以下方法。

(1) 高度控制。生产企业能够控制负责其智能手环销售的营销中介类型、数目和地理分布,并且能够支配这些营销中介的销售政策和价格政策。

(2) 低度控制。如果生产企业无力或不需要对整个渠道进行绝对控制,企业往往可以通过对中间商提供具体支持协助来影响营销中介。

11.5.4　实践过程

1. 实践组织

每5个人为一个小组,每个小组设置组长1名,组长具体负责任务分配协调。

2. 实践成果

实践成果为形成一份完整的智能手环的分销渠道建设实践分析报告,多角度、多层次完成实践报告。

3. 过程分解

实践可以分解为如下过程。

(1) 小组会议,确定实践目标,制定好项目进度。

(2) 收集相关市场数据。

(3) 分小组进行渠道管理工作梳理。

(4) 分小组讨论渠道管理方法。

(5) 分小组讨论渠道采用类型。

(6) 分小组进行渠道分析。

(7) 小组会议汇总小组研讨结果。

(8) 整合成一份完整的调研报告,排版加工。

(9) 提交作品。

11.5.5 结果评审

(1)提交文档。在大量文献调研的基础上,撰写一份 Word 文档的报告,阐述自己的观点,同时,根据 Word 文档内容,制作一份答辩 PPT。

(2)课堂答辩。每个小组派出一名代表进行课堂演讲,每个人演讲 5 分钟,演讲内容需要围绕事先准备好的 PPT 进行。演讲结束后,有 5 分钟的自由提问和回答时间。

(3)考核方法。本次实践课的最终成绩由 3 部分构成:PPT(40%)、Word 文档(40%)、演讲(20%)。

11.6 课后习题

1. 使用团队实验室或情景模拟的方式,感受销售渠道管理的重要性。
2. 简述智能产品分销渠道的流程。
3. 根据具体情况分析企业应该采取的渠道管理方法并给出理由。

第12章

智能产品售后服务

12.1 智能产品售后服务模式

12.1.1 智能产品售后服务主要内容

售后服务是售后最重要的环节。售后服务已经成为智能产品企业保持或扩大市场份额的重要环节。售后服务的优劣直接影响消费者的满意程度。在购买时,智能产品的保修、售后服务等有关规定可使顾客摆脱疑虑,下定决心购买智能产品。优质的售后服务可以算是品牌经济的产物,在市场激烈竞争的社会,随着消费者维权意识的提高和消费观念的变化,消费者们不再只关注智能产品本身,在同类产品的质量与性能都相似的情况下,更愿意选择那些拥有优质售后服务的公司。

智能产品售后服务主要包括以下内容。

(1) 向用户提供技术资料。
(2) 向用户提供技术培训。
(3) 向用户提供零配件。
(4) 向用户提供维修服务。
(5) 向用户提供现场技术服务。
(6) 处理产品使用中的质量问题。
(7) 建立反馈系统。
(8) 对产品实行三包,即包修、包换、包退。
(9) 处理消费者来信来访以及电话投诉意见,解答消费者的咨询。同时用各种方式征集消费者对产品质量的意见,并根据情况及时改进等。

12.1.2 智能产品售后服务存在的问题

(1) 智能产品售后服务观念淡薄。
(2) 智能产品售后服务形式混杂,有的智能产品企业采用厂家直接服务的形式,有的企业采用协议外包的形式。而采用协议外包的厂家又很少在售后服务方面为二、三级市场的服务网点进行统一的专业知识、服务态度、服务用语、服务规范等操作管理方面的培训,致使很多企业在二、三级市场的售后服务评价很低,严重损害了企业形象。

(3) 缺少售后服务的定价规范。无论是智能家居还是智能家电行业,安装、维护、维修等售后服务所产生的利润相当可观。但对于服务产品的定价却没有一个合理的衡量标准,再加上对不同企业的产品而言,由于配置条件、操作环境、技师技术水平不同,服务成本存在很大差异,这就导致企业在售后服务定价方面存在各自为政的局面。

(4) 忽视智能产品售后服务的信息反馈,虽然现在有些智能产品企业也知道收集顾客的信息反馈,但顾客的反馈信息最终并未得到满意的回应或解决。售后人员虽然也做客户回访,但大多数只是表面的一种形式。

12.1.3　智能产品售后服务经营模式

目前,智能产品售后服务模式有如下几种,根据智能产品特点,所使用的模式不同。

(1) 服务部门独立模式,走产业化之路。智能产品企业将其售后服务部门独立出来,让售后服务单独成立一个公司。这样可以降低成本,并且有利于智能产品企业对终端加强控制,提高智能产品企业的售后服务质量。但加深了智能产品企业的销售部门和服务部门的不协调,更容易发生相互抵触的情况。

(2) 使用第三方服务公司。第三方售后服务颠覆了传统的智能产品生产厂家自带售后的服务模式。这样做的优点是有利于降低成本,将智能产品企业的售后服务包袱甩掉,企业集中精力做研发、生产和销售。但不能对终端进行控制,售后服务的质量也得不到保障。

(3) 经销商服务模式。经销商将售后服务作为销售的提升,通过售后服务,获取消费者的忠诚度而达到占领市场的目标。但是这种方式却存在长期的服务投入成本与销售获益难以衡量的问题,存在服务成本"无底洞"的风险。

12.1.4　智能产品售后服务体系

智能产品售后服务体系认证,是星级售后服务认证,根据《中华人民共和国认证认可条例》,我国的认证分为"产品、服务、管理体系"三大类。产品认证和管理体系认证已开展多年,获得了各类组织的广泛参与,取得了良好的效果。

2006年商务部颁布了《商品售后服务评价体系》行业标准,2011年上升为国家标准。《商品售后服务评价体系》标准的核心内容是"5评价指标"和"6评价方法"两部分。"5评价指标"主要是规定了用于商品售后服务评价的指标及其含义,具体分为三大类:针对售后服务体系的评价指标、针对商品服务的评价指标和针对顾客服务的评价指标。其中,针对售后服务体系的指标强调企业在售后服务的组织、管理、资源等基础条件方面所做出的努力;针对商品服务的指标,强调对企业在围绕"商品"所开展的有关服务活动和服务行为的规范;针对顾客服务的指标,强调对企业在与顾客的交往过程中,应注重的服务问题和服务行为的规定。"6评价方法"主要是规定了在售后服务评价活动执行过程中的基本程序和如何评分、如何计算评分值等问题。

12.2 智能产品售后服务标准

12.2.1 智能产品售后服务标准制定原则

制定智能产品售后服务标准应当遵循一定的原则,以下是在智能产品售后服务标准制定中的一些基本原则。

(1)明确性。智能产品售后服务标准必须明确、可量化。如规定微笑服务、接听电话不能超过三声等。

(2)可衡量性。指智能产品售后服务标准要用定量表示,如96%的电话都是在铃响第二声接听,所有四环路以内智能产品维修服务都需要当天解决等。

(3)可行性。建立标准不代表确立目标,它意味着设计一个可能实现的售后服务工作过程,并且使之不断地执行下去。

(4)及时性。智能产品售后服务标准应该有明确的时间限制,这样才有价值。

(5)吻合性。智能产品售后服务标准要与客户的需求相吻合。

12.2.2 智能产品售后服务标准制定步骤

(1)分解智能产品售后服务过程。分解智能产品售后服务过程就是把顾客在智能产品公司所经历的售后服务过程细化、再细化、放大、再放大,从而找出会影响客户售后服务体验的每一个要素。

(2)找出智能产品售后细节的关键因素。不同的行业,不同的岗位,关键因素是不同的,但离不开三大要素:人员、硬件和软件。这需要对每个智能产品售后细节做影响分析。关键因素影响分析可以找出特别需要关注的问题,并最终能为顾客提供更好的售后服务体验。

(3)把关键因素转化为售后服务标准,如定义"什么是礼貌的微笑"。

(4)根据客户需求对标准重新评估和修改。

12.2.3 智能产品售后服务评价标准

客户对于智能产品企业服务的满意程度直接取决于以下五个方面。

(1)信赖度。指智能产品企业是否能够始终如一地履行自己对客户所做出的承诺,当智能产品企业真正做到这一点的时候,就会拥有良好的口碑,赢得客户的信赖。

(2)专业度。指智能产品企业的服务人员所具备的专业知识、技能和职业素质。包括:提供优质服务的能力、对客户的礼貌和尊敬、与客户有效沟通的技巧。

(3)有形度。指有形的服务设施、环境、服务人员的仪表以及服务对客户的帮助和关怀的有形表现。服务本身是一种无形的产品,但是整洁的服务环境、具体的服务关怀使服务这一无形产品变得有形起来。

(4)同理度。指服务人员能够随时设身处地地为客户着想,真正地同情理解客户的处境,了解客户的需求。

(5)反应度。指服务人员对于客户的需求给予及时回应并能迅速提供服务的愿望。当服务出现问题时,马上回应、迅速解决能够给服务质量带来积极的影响。作为客户,需要的是积极主动的服务态度。

12.3 实践——点餐机器人售后服务项目实践

12.3.1 实践背景

机器人服务人类的场景更多是出现在科幻电影中,而这样的场景正步入现实生活中。其实在中国,机器人服务员已经步入寻常饭店中,且能点餐、送菜、端茶倒水甚至下厨都没问题。2016年4月25日上午,肯德基在上海国家会展中心推出首家概念店"Original+",这家门店最大一个卖点在于智能点餐,不仅提供智能点餐机还有百度的度秘机器人。这是肯德基在百度度秘的基础上,打造的专属点餐机器人。

百度度秘机器人基于语音识别、语义理解技术,为顾客完成点餐服务,这也是百度的人工智能设备第一次实现连锁餐饮场景的应用落地。整个体验流程是这样的:按一下机器人的外部圆形按钮并说"开始点餐",机器人就会询问"你需要选什么",同时,一旁的液晶显示屏上会提示五种套餐、两种咖啡的菜单。机器人会询问"你需要外带还是堂食",回答后再告诉它你所选择的套餐,便可以到另外一边的取餐处取餐了。

目前,百度在人工智能领域已经累积近500多项核心技术专利。当这种智能秘书化服务普及之后,将会逐渐走近普通人的生活,在即将到来的智能时代里,如何利用人工智能实实在在地造福人类还需进一步论证。人工智能发展中的"度秘"作为一种能力,必将会得到无限延伸,我们的生活或将因此发生巨大改变,进入真正的智能服务时代。与此同时,类似点餐机器人的智能产品的售后服务问题日渐突出。

12.3.2 实践目的

(1) 了解点餐机器人的市场及销售情况。
(2) 了解点餐机器人售后服务情况。
(3) 为点餐机器人制定售后服务标准。
(4) 为点餐机器人创建售后服务体系。

12.3.3 实践内容

1. 售后服务体系创建步骤

(1) 筹备阶段。在售后服务体系建立前期需要做大量的筹备工作,也就是为建立良好的体系做好基础的准备和保障工作,其中包含了点餐机器人定位、成本核算、风险评估、销售策略以及发展方向。

(2) 组织阶段。在基础条件达到的情况下我们在组织建设体系的阶段就需要为前期运营做好准备:通过智能产品相关数据分析了解智能产品市场分布,大致拟定初期目标市场针对性地优先建立售后服务部分网点;详细评估网点建设以及点餐机器人质量有可能会产生的成本及风险,归入点餐机器人成本(包含人力成本);拟定网点建设模式,合作模式以及区域代理标准;详细分析并过滤洽谈方式以及将相关资料整理成册,拟定专业话术,培训业务员,开展初期的商务接洽。

(3) 运营阶段。成立独立的话务专线(提供全方位包括点餐机器人设计、技术、售后服务等与企业相关的专业咨询);通过组织阶段初期的商务接洽,继续优化洽谈条件,合理考虑及分配资源以达到促进合作的条件;根据初期商务接洽的结果总结并持续开发拟定待开发区域网点,在过程中不断总结并汇总已开发区域网点联络方式、地区以及规模概述;优化提高雏形体系服务质量以及工作模式,提高工作效率(重点协调公司售后中心与网点之间快速反应机制)。

2. 售后服务体系的基础要点

售后服务体系应关注以下基础要点。

(1) 在产品说明书的编辑过程中加入产品设计及服务的理念,对最终客户直接阐述。

(2) 网上在线实时服务,建立完备的智能产品服务性网站,提供相应的终端远程服务,包括售后服务。

(3) 修操作手册,常见问题解答。

(4) 声讯服务。

(5) 现场服务。

(6) 反应速度以及服务效率。

12.3.4 实践过程

1. 实践组织

每 5 个人为一个小组,每个小组设置组长 1 名,组长具体负责任务分配协调。

2. 实践成果

形成一份完整的点餐机器人的售后服务体系分析报告,多角度、多层次的完成实践报告。

3. 过程分解

实践可以分解为如下过程。

(1) 小组会议,确定实践目标,制定好项目进度。

(2) 收集点餐机器人相关市场数据。

(3) 以小组为单位进行点餐机器人售后服务标准讨论。

(4) 以小组为单位讨论点餐机器人售后服务方式。

(5) 以小组为单位讨论点餐机器人售后服务具体内容。

(6) 以小组为单位进行点餐机器人售后服务工作梳理。

(7) 以小组会议形式汇总小组研讨结果。

(8) 整合成一份完整的售后服务体系报告,排版加工。

(9) 提交作品。

12.3.5 结果评审

(1) 提交文档:在大量文献调研的基础上,撰写一份 Word 文档的报告,阐述自己的观点,同时,根据 Word 文档内容,制作一份答辩 PPT。由学委收齐统一交上来。

(2) 课堂答辩:每个小组派出一名代表进行课堂演讲,每个人演讲 5 分钟,演讲内容需要围绕事先准备好的 PPT 进行。演讲结束后,有 5 分钟的自由提问和回答时间。

(3)考核方法:本次实践课的最终成绩由三个部分构成:PPT(40%)、Word 文档(40%)、演讲(20%)。

12.4 课后习题

1. 简述智能产品售后服务经营模式。
2. 客户对于智能产品企业服务的满意程度直接取决于哪几个方面?
3. 作为售后服务项目经理,负责为企业建设相应的售后服务体系,请你做一份售后服务体系实践规划报告,能体现较强的综合市场竞争力。

第13章

使用新媒体进行营销与服务

13.1 新媒体的定义

联合国教科文组织对新媒体下的定义:"以数字技术为基础,以网络为载体进行信息传播的媒介。"新媒体的内涵会随着传媒新技术的发展而不断更新,要准确地界定新媒体,就必须从历史、技术、社会来综合理解。这里的新媒体是指利用各种信息化技术,通过不同的渠道以及各种终端设备向用户提供信息的传播形式和媒体形态,即是建立在数字特术和互联网基础上的各种媒体形式。

随着互联网技术飞速发展,新媒体时代已经到来,新媒体逐渐渗入人们的生活。在新的价值理念的变化以及社会信息重整的背景下,新媒体营销应运而生。这不仅在商业领域带来新的商机,而且将社会群体服务引领到了社会的最前沿。作为新媒体最重要的两个领域——互联网和移动增值,不仅在新媒体市场占有着重要的席位,而且在市场格局中占据领先地位,一时间发展为各行各业营销和服务的主战场。

目前常用于产品营销与服务的新媒体包括网站、博客、微博、微信、知识论坛、直播平台等,本章挑选其中几个简要介绍。

13.2 微博

微博是一种通过关注机制分享简短实时信息的广播式社交网络平台,是一个基于用户关系信息分享、传播以及获取的平台。图13-1是新浪微博的Logo。

图 13-1 新浪微博 Logo

13.2.1 微博的特点

(1)成本低廉。微博账号的注册一般是免费的,企业可以免费开通企业版微博(认证费用为 1000 元左右),享受微博平台提供的免费服务。通过"官微",企业可以免费地发布信息、发起活动、与粉丝互动，还能通过注册信息获取顾客一手的用户资料，或展开用户调研，进行有效的客户关系管理等。除了官方的免费自有平台，企业还可以广泛地利用各种名人微博、草根名博或行业大 V 来进行营销或服务推广，虽然需要支付一定费用，但与传统媒体费用相比，企业在微博上的费用要低很多。

（2）形式多样。微博的内容具有多种形式：文字、图片、视频链接等。这使得微博营销与服务可以在多种形式下进行。在这个信息横流的网络时代，单纯的文字信息难以吸引网民的眼球，在这样的前提下大多数的企业微博在更新信息时很少有发布单纯的文字信息，大多都是文图搭配或文字与视频搭配，以获取个人微博用户的关注或转发。

（3）互动灵活。互动性对企业微博而言是十分必要的。企业微博并非企业唱独角戏，粉丝能够评论企业微博更新的内容，同时企业也能回复粉丝的评论，进行交流互动，从而提升企业的营销和服务水平；粉丝也能对自己感兴趣的微博进行转发，这样无形中就加大了企业微博的影响范围。

（4）即时传播。微博的发布没有时间的限制，这使得企业微博在有了好的创意时可以及时地发布以达到企业的预期效果，使得营销和服务策略能够很好地适应市场情况，针对市场情况做出适时的调整，提高企业在市场中的主动性，增强企业的竞争力。

（5）多平台性。微博作为新兴的网络社交工具，信息的发布有着多平台的鲜明特点。微博信息的更新存在多个平台，用户可以用手机或者电脑端进行微博的各种操作。多平台可以很大程度上减少发布微博的局限性，同时也使得企业可以通过多个操作平台进行微博管理，提高了微博管理的效率，也提升了企业微博管理工作人员工作地点的灵活性，使得企业微博的管理工作人员工作更加灵活。多平台有利于企业微博获得更多的关注与粉丝，并在一定程度上保证决策的正确性。

（6）影响广泛。企业发布的微博内容会自动出现在微博粉丝的首页上，这样就可以影响到企业的粉丝了。微博影响广主要体现在影响的主体数量大和影响的范围广。一个企业微博的粉丝有数万人甚至更多，在类别上包含了各个层面，这样也很鲜明地体现了影响的类别广度。

13.2.2 微博运营的方法

1. 微博运营目的

运营微博要搞清楚目的。我是谁？我来微博想干吗？我身上的最重要标签是什么？例如：以个人微博为例，我是一个计算机老师，我来微博想做个人曝光，3 年时间想要获得 100 万粉丝关注。企业微博的目的主要包括：品牌曝光、营销、服务等，要根据具体的目标制定不同的运营策略。企业微博的目标一般只有一个：一定时期内涨粉（有效粉丝）。一定要明确微博的目的和目标之后再进行运营。

注意，通常很多人会写下很多目的和目标，建议根据不同阶段完成不同的任务，微博运营是一个非常耗费精力的事情，目的和目标多了其实就意味着放弃。

2. 微博的属性

微博分为企业号和个人号，不同属性的微博标签不一样，基本上发布的内容规则也不一样。例如企业号，更加注重曝光，但是互动性和个性化较差，所以企业号最好的方法是策划互动、发布信息、提供服务和销售官方说明等。个人号的好处在于为博主是"人"，是人就有主观性,可以去说、去表达,这就可以施展更多的技巧,引出更多话题,获得更多关注。所以如何将企业号和个人号进行合理的组合,是企业需要好好研究的内容。

3. 微博日常运营手段

微博的日常运营一般包括以下手段。

(1) 做活动,例如转发抽奖等。

(2) 写博文,发表心情、观点、看法、投票、视频等。

(3) 蹭热点,贴近热点新闻和话题等。

(4) 发起话题,微博有很多话题,例如:高考。

(5) 开直播。

(6) 大V或明星点赞。

(7) 神评论,在明星或者大V的博文点评,引来关注。

(8) 微博推广,可以邀请第三方协助"涨粉"。

4. 微博运营的评价

微博运营的好坏最终用以下四个指标来衡量。

(1) 粉丝量,切记微博运营的核心目标就是"涨粉"。

(2) 阅读量。

(3) 互动量,花钱买僵尸粉没有任何用处,一定要想办法增强粉丝的黏性和活跃度。

(4) 转化效果,也就是我们的目标是否实现。

13.3 微信

微信是一款跨平台的通信工具,支持单人、多人参与,通过手机网络发送语音、图片、文字。带给您全新的消息体验,您可以使用微信随时随地联系身边的朋友。图13-2为微信的Logo。

图13-2 微信Logo

13.3.1 微信的特点

(1) 庞大的用户群。据不完全统计,截止到2020年,微信的活跃用户已经超过了10.9亿。某些微信大号粉丝数量高达数十万,如此庞大的用户群体可以说是微信发展的基础。借助移动终端天然的社交和位置定位等优势,微信信息的扩散有了进一步的提升。

(2) 高到达率。信息传播效果很大程度上取决于信息的到达率,这也是所有营销与服务工具最关注的地方。与手机信群发和邮件群发被大量过滤不同,微信公众号所群发的每一条信息都能完整无误地发送终端手机,到达率高达100%。

(3) 高曝光率。曝光率是衡量信息发布效果的另外一个指标,以微博为例,直接发布的广告微博很快就淹没在了微博滚动的动态中了,信息虽然"到达"但没"曝光"。而微信是由移动即时通信工具衍生而来,天生具有很强的提醒力度,例如铃声等,随时提醒用户收到未阅读的信息,曝光率高达100%。

(4) 高接受率。那些微信大号动辄数万甚至数十分粉丝。除此之外,由于公众账号的粉丝都是主动订阅而来,信息也是主动获取,完全不存在垃圾信息招致抵触的情况。

(5) 高精准度。那些拥有庞大粉丝数量且用户群体高度集中的垂直行业微信账号,才是真正的传播资源。

（6）高便利性。移动终端的便利性再次增加了微信营销的高效性。相对于计算机而言，未来的智能手机不仅能够拥有计算机所能拥有的大部分功能，而且携带方便，用户可以随时随地获取信息，而这会给商家的营销带来极大的方便。

（7）互动加强关系。与微博不同，微信是"闭环"社交，无论是公众号还是普通好友朋友圈，都需要主观"添加"，不想看的东西可以不看，看到的都是自己想看的东西，这就能够提升用户对信息的信任度，这种信任度可以增强互动性。

13.3.2 微信的运营方法

首先要搞清楚微信公众服务号的属性。微信公众号分为四类：服务号、订阅号、企业号和小程序，它们的主要功能侧重点如图13-3所示。

帐号类型	功能介绍
订阅号	主要偏于为用户传达资讯（类似报纸杂志），认证前后都是每天只可以群发一条消息。（适用于个人和组织）
服务号	主要偏于服务交互（类似银行、114，提供服务查询），认证前后都是每个月可群发4条消息。（不适用于个人）
企业微信	企业微信是一个面向企业级市场的产品，是一个独立APP好用的基础力上沟通工具，拥有最基础和最实用的功能服务，专门提供给企业使用的M产品。（适用于企业、政府、事业单位或其他组织）
小程序	是一种新的开放能力，开发者可以快速地开发一个小程序。小程序可以在微信内被便捷地获取和传播，同时具有出色的使用体验。
温馨提示： 1. 如果想简单的发送消息，达到宣传效果，建议可选择订阅号； 2. 如果想用公众号获得更多的功能，例如开通微信支付，建议可以选择服务号； 3. 如果想用来管理内部企业员工、团队，对内使用，可申请企业微信； 4. 原企业号已升级为企业微信。	

图13-3 微信公众号的类型与功能（微信官网）

微信运营总体来说有五种模式。

（1）互动式，使用微信公众号平台本身的社交功能和信息共享功能传递信息。

（2）直观式，如使用微商城、微网站等方式，"一步到位"地利用微信的粉丝资源进行营销和服务活动。

（3）趣味式，可以使用"幸运大转盘""成语接龙"等游戏方式，增强微信的趣味性和操作性，增加客户黏性。

（4）简单式，用户点击"查看附近的人"，可以根据他们的地理位置找到周围的微信用户。在这些附近的微信用户中，除了显示用户微信名等信息外，还显示用户签名的内容，从而获得客户的个性分析，以此更好地宣传产品和服务。

（5）主动式，发送不同的文字内容甚至语音游戏等信息，使用"漂移瓶"及"摇一摇"进行宣传。

以上很多模式中的工具如"微商城""微网站""幸运大转盘"等，在基于微信的程序开发方面有一定难度。建议使用微信的第三方工具平台，以图13-4所示的微盟平台为例，可以为客户提供管理简单、功能强大的微信公众号辅助功能。

图 13-4　微盟平台

13.4　视频直播

13.4.1　视频直播的特点

（1）快捷性。随着网络的普及，更多的用户更愿意通过随身携带的设备获取信息，如手机、PAD等易于携带的通信设备。在无线网络技术越来越发达的今天，这些便携式通信设备已达到了接收流媒体信息的要求。而一些需要进行直播的大事件总是转瞬即逝的，如果受众需要观看直播，身边却没有电视进行播放，就无法了解到事件发生的过程。网络直播就很好地解决了这个问题，在网络、硬件和软件条件的支持下，用户只需要在想观看直播的时候打开身边携带的便携式通信终端，通过网络连接，即刻就能观看到所需要的一切。

（2）互动性。多媒体网上直播不仅可以让用户从文字、图片、声音、视频中全面地了解事件发生的过程和最新的动态，让受众与事件发生现场更近一步，而且受众可以通过论坛或即时留言板发表自己的看法，与在线关注同一事件的用户一齐讨论。这样的受众与受众之间的交流，传统媒体很难做到。

（3）灵活性。传统的广播电视媒体播出时受到了线性传播的限制，如一个节目播出完后，如果想重复观看，只能等待电视台的重新播出，受众没有自主选择的权利，这样让受众十分被动。而网络媒体解决了这样的矛盾，网络进行直播后，相关的视频资料依然可以存储在网络平台上，受众如果错过了直播观看，依然可以在任何时间，通过网络平台对录制的视频进行点播，这样的观看更加灵活，更加贴近受众。

13.4.2　视频直播的运营方法

1. 直播前准备

多渠道预热推广，快速蓄积流量。随着使用直播的企业越来越多，直播的推广和直播间流量获取也成为一大难题。如何快速为直播间导流？可根据自身实际需求和直播目标确定预热渠道、预热时间、预热频次及预热内容等，此外还可通过导购、社群等方式触达用户，调动用户参与积极性，为当天直播引流。常用的方法如下：

（1）线上触点。常见的有公众号推文、模板消息、自定义菜单栏、小程序商城首页及商品详情页等，直播开始前，可获取每场直播的小程序码和链接，直接推送或更新相关设置，为小程序进行预热。

（2）社交触点。社交触点形式非常多样化，从与用户直连的门店导购、加盟商、品牌个人号到组合营销玩法，每一个触点都可以借力所在渠道的特色方式为以后的直播预热，蓄积流量。

线下触点：线下门店作为经典消费场景，到店转化率一直非常可观，每一位进店的客户都是对品牌和商品感兴趣的潜在消费者。商家可在门店互动大屏、扫码购及店内海报等增加小程序直播二维码，当顾客进店后，门店导购可结合直播优惠活动、新开卡权益等口头引导顾客扫码关注公众号并预约直播间。

商业触点：除上述商家自身资源之外，在直播预热时还可以借助一些商业上的操作来将直播效益最大化，如与网红达人合作，或通过微信朋友圈广告投放为直播引流。

2．直播中的互动玩法

互动玩法，引爆现场。影响一场直播转化效果有两个重要因素，一是看直播现场互动氛围如何，如观众观看时长、参与互动意愿是否强烈；二是看直播间活动是否有吸引力，能否激发用户购买欲望促进裂变转化。以下为几个引爆现场的互动玩法：抢红包、点赞及评论互动、发送关键词截图及产品知识问答。

另外，为了帮助商家更快速地提升直播转化，打通从直播创建、流量获取以及交易转化的营销和服务闭环，实现高效转化，推荐以下玩法。

（1）直播＋社群：社群作为承载私域流量重要的载体，也是企业经营的重要场景，而直播＋社群能够为商家带来高效的转化。借助门店导购将线下的购买力快速转化到线上，进行社群分级分层管理，同时共享直播内容、社群里导购一对一介绍，对用户形成更大覆盖，黏性也相对高，使直播转化率得到提高。

（2）直播＋社交裂变：直播和裂变的结合能够帮助商家在短时间内聚集大量用户，促进销量的提升。例如，商家在直播中将原价119.9元的外套设置为最低9.9元的砍价活动，用户在直播间发起购买后分享给好友、朋友圈等进行砍价，砍价结束后用户可以以优惠价购买商品，好友可以再次发起砍价，通过好友裂变为直播间带来更多流量，也促进销量提升。

（3）直播＋限时折扣或秒杀：价格优势一直是商家吸引客户下单的重要方式，在直播中我们也同样可以借助限时折扣或秒杀等，集中引爆用户购买意愿，在短时间内即形成销量的爆发增长。

3．直播后的运营

直播后保持四大私域运营，持续留存促复购。直播结束不是跟用户关系的终结，而是进一步建立黏性更强的用户关系，主要有以下几个方法。

（1）引导关注公众号深度运营。

（2）打造个人IP拉近粉丝距离。

(3) 客服高效,互动促复购。
(4) 社群服务,扩大私域流量池。

13.5 课后习题

1. 在条件允许的情况下,注册公众号,并使用秀米网等第三方工具编辑软文。
2. 登录微博、微信后台管理账户,学习基本数据分析方法。

参考文献

[1] 林康平,孙杨.数据存储技术[M].北京:人民邮电出版社,2017.
[2] 刘丹宁,余建威.高级网络技术[M].北京:人民邮电出版社,2017.
[3] 黄史浩.大数据原理与技术[M].北京:人民邮电出版社,2018.
[4] 林康平,王磊.云计算技术[M].北京:人民邮电出版社,2017.
[5] 刘丹宁,田果,韩士良.路由与交换技术[M].北京:人民邮电出版社,2017.
[6] 许丹,郭洪延.IT职业素养与互联网思维[M].大连:东软电子出版社,2021.
[7] 郭洪延,马力.东拉西扯ICT之网络工程与综合知识篇[M].大连:东软电子出版社,2021.
[8] 刘前红,秦琴.新媒体营销项目化教程[M].北京:中国轻工业出版社,2018.
[9] 马大胖.如何运营微博?[EB/OL].https://zhuanlan.zhihu.com/p/148775844.
[10] 微信运营必看,5种常见微信营销运作模式分析[EB/OL].http://www.360doc.com/content/19/0929/16/40366274_864007810.shtml.
[11] 直播运营技巧小结[EB/OL].https://zhuanlan.zhihu.com/p/141964406.